Vegan für Naschkatzen

## Danksagung

Mein größter Dank gilt meinem Mann M., der stets fleißig meine Kreationen isst, bewertet, Verbesserungsvorschläge macht und vor allem danach das Chaos in der Küche beseitigt und mich mit tausend Handgriffen unterstützt. Ohne ihn geht es nicht! Bedanken möchte ich mich auch bei allen Leserinnen und Lesern meines Blogs „Totally Veg!", die den Blog erst zu dem gemacht haben, was er heute ist, und in dem der Grundstein für dieses Buch gelegt wurde. Dank gilt auch allen Esserinnen und Essern, denen ich monatelang Süßes vorgesetzt habe. Danke auch an alle Mitarbeiterinnen und Mitarbeiter vom Kneipp-Verlag, die mich als erstmalige Buchautorin so tatkräftig unterstützt haben.

Gewidmet ist dieses Buch schließlich allen, die gerne über den Tellerrand schauen und in ihren täglichen Entscheidungen an alle Lebewesen denken.

## Bildnachweis

dreamstime.com/Kati Molin: Cover, S. 53
dreamstime.com: S. 6, 8, 10, 14, 16, 17, 18, 21, 22, 42, 62, 69, 80, 83, 89, 98, 103, 113, 117
iStockphoto.com: S. 12
Kneipp-Verlag/Peter Barci: S. 25, 27, 31, 39, 45, 49, 57, 59, 65, 73, 77, 85, 93, 101, 107, 109
fotolia.de: S. 35, 97, Illustrationen (Notizblätter)
Autorenfoto beigestellt. Rezeptfotos Umschlagrückseite siehe Rezepte.

## Impressum

ISBN 978-3-7088-0632-7

Copyright:

Kneipp-Verlag GmbH und Co KG
Lobkowitzplatz 1, A-1010 Wien
www.kneippverlag.com
www.facebook.com/KneippVerlagWien

| | |
|---|---|
| Autorin: | Claudia Bazinger |
| Lektorat: | Mag. Anke Weber, Mag. Eva Manhardt |
| Cover- und Umschlaggestaltung: | Christian Graf, www.ceeqoo.com |
| Grafik und Layout: | Oskar Kubinecz |
| Druck: | Theiss GmbH, A-9431 St. Stefan |

1. Auflage, Oktober 2014

Claudia Bazinger

# VEGAN
## für
## Naschkatzen

kneipp verlag
WIEN

## EINLEITUNG

| | |
|---|---|
| Vegan für Naschkatzen | 8 |
| Warum vegan backen ... und vor allem, wie? | 9 |
| Backen ohne Kuhmilch | 11 |
| Backen ohne Eier | 11 |
| Backen ohne Butter | 13 |
| Backen ohne Gelatine | 14 |
| Was man zum Backen sonst so braucht | 14 |
| Die richtige Ausrüstung | 17 |
| Ein paar Worte, bevor es losgeht | 20 |

## KUCHEN UND TORTEN

| | |
|---|---|
| Vanille-Kirsch-Kuchen | 24 |
| Ameisenkuchen | 26 |
| Haselnusstorte | 28 |
| Saftiger Zucchinikuchen | 29 |
| Karottenkuchen | 30 |
| Mad-Men-Torte | 32 |
| Mohntorte | 33 |
| Marmorkuchen | 34 |
| Soft-Cake-Kuchen | 36 |
| Rhabarberkuchen mit Zuckerkruste | 37 |
| Schokoladentorte | 38 |
| Käsekuchen | 40 |
| Mohnkranzl | 41 |

## CUPCAKES UND MUFFINS

| | |
|---|---|
| Nougat-Cupcakes | 44 |
| Peanut Butter & Jelly Cupcakes | 46 |
| Strawberry White Chocolate Muffins | 47 |
| Dalmatiner-Cupcakes mit Häubchen | 48 |
| Mannerschnitten-Muffins | 50 |
| Bananen-Kokos-Muffins | 51 |
| Heidelbeer-Muffins | 52 |
| Triple Chocolate Muffins | 54 |
| Schoko-Kirsch-Cupcakes | 55 |
| Apfel-Streusel-Muffins | 56 |
| Zitronen-Cupcakes | 58 |
| Mocha-Cupcakes | 60 |
| Kokos-Cupcakes | 61 |

# BRUNCH

Scones mit Cranberrys ................................................... 64
Rum-Rosinen-Muffins ................................................. 66
Müsli-Muffins ........................................................... 67
Banana Bread ........................................................... 68
Müsli-Auflauf mit Früchten und Schokolade ............... 70
Vanilla French Toast .................................................. 71
Peanut Butter Pancakes ............................................ 72
Beeren-Milchreis ...................................................... 74
Zimt-Zupfbrot .......................................................... 75
Karotten-Halwa ........................................................ 76
Weltbeste Waffeln ..................................................... 78
Nektarinen-Heidelbeer-Crisp .................................... 79

# BAKING FOR THE HOLIDAYS

Vanillekipferl ........................................................... 82
Christmas Granola .................................................... 84
Linzer Augen ............................................................ 86
Palmiers (Schweineöhrchen) ...................................... 87
Real American Pumpkin Pie ....................................... 88
Weihnachtliche Tofugolatschen ................................. 90
Choco Loco Pie ........................................................ 91
Gingerbread Cookies ................................................ 92
Amish Date & Nut Pudding ....................................... 94
Dominostein-Torte .................................................... 95
Rum-Kokos-Kugeln ................................................... 96

# COOKIES UND SÜSSE KLEINIGKEITEN

Mandelhäppchen (Cantuccini) .................................. 100
Brownies ................................................................. 102
Apfeltaschen ........................................................... 104
Peanut Butter Cups .................................................. 105
Powerpralinen ......................................................... 106
Chocolate Chip Cookies ........................................... 108
Schnelle Nusskekse .................................................. 110
Chai Cookies ........................................................... 111
Summer Cookies (Zitronenkekse mit Haferflocken) ...... 112
Chocolate Chip Pumpkin Cookies ............................. 114
Cowboy Cookies ...................................................... 115
Chocoholic Cookies ................................................. 116

EINLEITUNG

# VEGAN FÜR NASCHKATZEN

Wenn mir vor zehn Jahren jemand gesagt hätte, dass ich ein Buch über veganes Backen schreiben würde, hätte ich laut gelacht. Nichts wäre mir damals ferner gestanden. Nicht nur weil ich früher komplett unbegabt in der Küche war – und mit unbegabt meine ich die Art von fehlendem Talent, die Kuchen fast in Flammen aufgehen lässt und Karamell über den Küchenboden verteilt –, sondern auch weil mir jegliches Verständnis für Veganer fehlte. Irgendwie waren Veganer für mich „Spinner"! Ich stellte mir Alt-Hippies vor, die mit Patchouli-Duft über Tarotkarten orakelten. Wie ich mich getäuscht habe! Heute bin ich selbst einer dieser „Spinner" geworden und schreibe sogar ein Buch über vegane Kuchen. Wie das Leben manchmal so spielt …

Ich war immer schon eine Tierfreundin. Meine Mutter erzählt gern, wie sie mich als Kleinkind immer von Hunden, Katzen, Ziegen und Eseln wegziehen musste, denen ich in grenzenloser Zuneigung unbedingt meine Hand ins Maul stecken wollte. Auch später war die Zeit nie zu knapp, um nicht eine Katze zu streicheln, einen Hund zu tätscheln oder eine Schnecke oder widerspenstige Raupe (die dicken mit den Borsten) über die Straße zu tragen und damit vor dem siche-

ren Tod zu retten. Nur die Schlussfolgerung, dass Fleisch von Tieren kommt, die war mir noch nicht gelungen. Auch wenn ich „Ah" und „Oh" beim Anblick eines Kälbchens rief, stand Wiener Schnitzel doch nach wie vor auf meinem Speiseplan. Dass ich mich dabei wohl gefühlt hätte, kann ich aber auch nicht behaupten. Doch die Gräuel der Massentierhaltung, die gelegentlich in Zeitungen oder den Nachrichten aufblitzen, schüttelte ich mit nervösem Lachen und flapsigen Witzen über Vegetarier ab – aber etwas blieb und nagte an mir. Und ich beschloss, etwas zu ändern.

Als ich mir schließlich ein Herz fasste und begann, mich vegetarisch zu ernähren, waren die Reaktionen gemischt. Ich ließ mich aber weder von den gutmeinenden Ratschlägen meines Vaters noch von der Fassungslosigkeit meines Freundes von meinem Beschluss abbringen und fühlte mich durch meine Entscheidung befreit. Bis … ja, bis es mir dämmerte, dass auch die Eier- und die Milchproduktion fatale Konsequenzen haben. Unmengen von kleinen Hähnen müssen sterben, deren einzige Verfehlung es ist, dass sie keine Eier legen, was sie für die Industrie wertlos macht. Und die Kälbchen, die heutzutage die Milch der Kühe nicht mehr trinken dürfen, landen letztlich als Schnitzel auf unserem Teller.

Kaum hatte ich es mir also in meinem Vegetarismus gemütlich gemacht, war ich schon wieder vor neue moralische Herausforderungen gestellt. Der Sprung zum Veganismus war schwieriger, da ich selbst einen Haufen Vorurteile über veganes Essen mit mir herumschleppte: zu aufwendig, zu trocken, zu „vollkornig", zu geschmackslos. Als ich aus einem sehr einfachen Rezept meine ersten veganen Muffins backte, die tatsächlich gelangen und gut schmeckten, krümelten meine Vorbehalte aber dahin. Nun war es um mich geschehen. Auch jetzt, sechs Jahre später, habe ich den triumphalen Moment, als ich die Muffins aus dem Ofen holte, noch im Gedächtnis.

Am Beginn meiner veganen Reise entstand mein Blog „Totally Veg!" (http://totallyveg. blogspot.com), in dem ich alle meine Erfahrungen festgehalten habe. Nach dem ersten Erfolg mit den Muffins musste ich weiter backen und kochen, und eine ansehnliche Sammlung an veganen Rezepten hat sich am Blog angehäuft. Schließlich entstand auch dieses Buch. Es wäre mir daher eine sehr große Ehre, wenn eines meiner Rezepte euch so in Erinnerung bleiben würde, wie mir diese Muffins im Kopf geblieben sind.

## WARUM VEGAN BACKEN … UND VOR ALLEM, WIE?

Wenn ich früher Kuchen oder Kekse kaufen wollte, ging ich in den Supermarkt. Ende der Geschichte! Doch – wie alle Veganerinnen und Veganer wissen: So leicht ist es mit veganem Gebäck nicht immer. Zwar gibt es ein Angebot von veganem Backwerk in Su-

permärkten, aber meistens ist es doch recht übersichtlich. Darum ist die einfachste Lösung, selbst etwas zu backen.

Backen macht wirklich Spaß und ist nicht annähernd so schwer, wie manche Leute (inklusive meines früheren Ichs) sich das vorstellen. Außerdem weiß man dann selbst ganz genau, was in den Teig hineinkommt und was lieber draußen bleiben soll. Und auch wenn ihr, liebe Leserinnen und Leser, vielleicht nicht vegan lebt, ich habe ein sehr gutes Argument für veganes Backen: Keksteig, der garantiert kein Bauchweh macht, wenn man ihn schon vor dem Backen nascht, weil keine rohen Eier drinnen sind.

Wer es gewohnt ist, mit tierischen Produkten zu backen, der muss sich vielleicht etwas umstellen. Aber keine Sorge, ihr werdet schnell feststellen, dass veganes Backen wirklich einfach ist. Vor allem finde ich es ganz wunderbar, dass das lästige Ei-Aufschlagen wegfällt. Die glibberigen Dinger mochte ich sowieso nie, schon als Kind nicht, wie euch meine Mutter bestätigen könnte. Allein schon der Geruch ... aber ich schweife ab. Was ich sagen möchte: Veganes Backen funktioniert auch mit normalen Zutaten, besonders die Rezepte in diesem Buch. Hier eine Liste mit Produkten, die in meinen Rezepten vorkommen und die euch vielleicht noch nicht ganz so bekannt sind.

## BACKEN OHNE KUHMILCH

In unserer Gesellschaft meint man mit Milch automatisch Kuhmilch, was mich oft erstaunt. Immerhin schmecken Sojamilch, Reismilch, Mandelmilch, Hafermilch oder Kokosmilch genauso gut und auch die Kälbchen freut die pflanzliche Alternative sicher mehr.

**Sojamilch:** Ich empfehle gesüßte Sojamilch (die ich auch in meinen Rezepten verwende), aufgrund ihrer Cremigkeit und des Geschmacks ist sie mein Favorit. Diese Sorte Sojamilch kann man mittlerweile in jedem Supermarkt kaufen, wer möchte, auch in Bio-Qualität und mit Sojabohnen aus heimischem Anbau. Es kann auch Mandelmilch oder cremige Reismilch verwendet werden. In einigen Rezepten verwende ich auch Sojamilch mit Vanillegeschmack, die eine besondere Note gibt.

**Kokosmilch:** Gelegentlich verwende ich auch Kokosmilch, weil sie noch cremiger ist als Sojamilch und eine exotische Note gibt.

**Soja oder Hafer Cuisine:** Das ist vegane Sahne zum Kochen (sie ist nicht aufschlagbar). Ihr findet sie im Supermarkt oder im Bio-Laden. Diese Sahne ist dickflüssiger und cremiger als pflanzliche Milch.

**Schlagsahne:** Für keines meiner Rezepte benötigt ihr aufschlagbare vegane Sahne. Aber natürlich schmeckt ein großer Klacks veganer Sahne gut zu jedem Kuchen – zum Glück gibt es Sprühsahne und aufschlagbare vegane Sahne auf Reis-, Kokos- oder Sojamilch-Basis, die ihr in größeren Supermärkten oder Reformhäusern kaufen könnt.

## BACKEN OHNE EIER

Der Gedanke an einen Kuchen ohne Eier lässt Großmütter die Hände über dem Kopf zusammenschlagen. Tatsächlich ist es aber nicht allzu schwer, ohne Eier zu backen. Man muss nur wissen, wofür man die Eier eigentlich braucht. Meistens sind sie dazu da, um den Teig saftig zu machen, zu binden und gleichzeitig aufzulockern.

**Backtriebmittel:** Auch ohne Eier kann ein Kuchen schön aufgehen. Dafür wird entweder Backpulver oder Natron (Speisesoda)

verwendet. Beides ist im Supermarkt zu kaufen, Natron findet man oft bei den Gewürzen, da es traditionell für Lebkuchen verwendet wird. Natron ist um ein Vielfaches stärker als Backpulver, darum können die beiden nicht beliebig ausgetauscht werden! Übrigens empfehle ich, das Backpulver zu sieben, bevor es in den Teig gegeben wird, denn es gibt nichts Schlimmeres als kleine Backpulver-Klümpchen, die man nicht mehr aus dem Teig bekommt.

**Sojajoghurt:** Bindet den Teig und führt zu sehr saftigen Kuchen. Meistens verwende ich einfaches Sojajoghurt (natur), ab und an auch welches mit Vanillegeschmack. Beides bekommt man in gut sortierten Supermärkten oder im Reformhaus.

**Sojamilch mit Essig:** Ergibt eine Art Buttermilch, was den Kuchen auflockert. Außerdem hilft der Essig dem Backtriebmittel, richtig zu wirken.

**Essig:** Natron braucht oft etwas Säure, um richtig zu wirken, darum kommt in vielen Rezepten Essig vor. Ihr könnt verschiedene Sorten Essig verwenden, da man ihn im Endprodukt nicht schmeckt, versprochen! Ich empfehle eine helle Sorte, damit die Farbe des Backwerks nicht verändert wird, aber auch naturtrüber Apfelessig eignet sich gut.

**Gemahlene Leinsamen:** Gerade für Kekse liebe ich Leinsamen, um den Teig zu binden. Fertig gemahlene (geschrotete) Leinsamen bekommt ihr im Supermarkt oder ihr mahlt sie selbst in einer Getreidemühle. Gemeinsam mit Wasser angerührt ergeben die gemahlenen Leinsamen eine zähflüssige Masse, die den Teig bindet und befeuchtet. Bitte beachten, dass die Leinsamen unbedingt gemahlen sein müssen, ansonsten funktioniert es nicht.

**Seidentofu:** Der sehr glatte, sehr weiche Seidentofu (der meistens nur im Reformhaus erhältlich ist, es ist nicht dasselbe wie normaler Tofu!) hat ebenfalls eine bindende Wirkung und eignet sich auch sehr gut für Cremes und Füllungen.

**Tofu:** Tofu in der Naturvariante gibt es mittlerweile in fast jedem Supermarkt. Er eignet sich auch für süße Gerichte.

## BACKEN OHNE BUTTER

In vielen (auch nicht veganen) Rezepten findet sich Öl anstatt Butter oder Margarine wieder. Öl ist wesentlich unkomplizierter zu handhaben als Butter: Flasche auf, fertig. Öl muss nicht auf Raumtemperatur gebracht werden oder mit Zucker schaumig gerührt werden. Darum findet ihr in meinem Buch viele Rezepte, die mit Öl zubereitet werden. Allerdings ist der buttrige Geschmack manchmal wichtig für das finale Produkt, und für Cremes oft unverzichtbar. Darum gibt es auch in diesem Buch Rezepte mit pflanzlicher Margarine (oft auch als vegane Butter bezeichnet). Der Begriff „vegane Butter" wird deshalb verwendet, weil Margarine immer noch negativ besetzt ist. Tatsächlich sind auch die Grenzen zwischen Butter und Margarine fließend: Es gibt Butter mit Olivenöl und Margarine mit Milchbestandteilen. Für das vegane Backen eignet sich natürlich nur eine rein pflanzliche Margarine aus hochwertigen Pflanzenölen.

**Öl:** Ich empfehle ein geschmacksneutrales Öl wie Maiskeimöl oder Rapsöl. Wer es mag, nimmt Olivenöl zum Backen (bei manchen Keksen wie den Cantuccini passt das sehr gut), aber es hat natürlich einen gewissen Eigengeschmack, den man in süßen Speisen mögen muss.

**Pflanzliche Margarine – die „vegane Butter":** Ich backe am liebsten mit der Bio-Margarine von Alsan, da sie buttrig schmeckt und sich wie Butter verhält – sie ist fest im kalten Zustand und weich bei Raumtemperatur. Ihr bekommt sie im Reformhaus, Biomärkten und teilweise in Drogerie-Märkten mit Lebensmittel-Sortiment. Solltet ihr eine andere pflanzliche Margarine bevorzugen, achtet darauf, dass sie einerseits wirklich rein pflanzlich ist (na klar!) und einen hohen Fettgehalt hat. Enthält die pflanzliche Margarine nämlich zu viel Wasser, wird sie euren Teig verflüssigen und kann das Backwerk sogar austrocknen. Meistens ist auf der Packung vermerkt, ob die pflanzliche Margarine zum Backen verwendet werden kann. Eine weitere Alternative ist die rein pflanzliche Margarine Sojola, auch die eignet sich zum Backen (diese Marke ist eher in Deutschland zu finden).

## BACKEN OHNE GELATINE

Gelatine besteht aus Knochen und Gewebe, also aus Schlachtabfall. Wer möchte denn so etwas in der Tortencreme haben? Ich benutze Agar-Agar, ein pflanzliches Geliermittel, das aus Algen hergestellt wird. Man kocht Agar-Agar einfach mit Flüssigkeit auf, beim Abkühlen geliert es die Masse dann. Im finalen Produkt hat es keinen Eigengeschmack.

**Agartine:** Bevorzugt arbeite ich mit Agartine als Gelierprodukt, das im Supermarkt erhältlich ist. Hier ist Agar-Agar mit etwas Stärke vermischt und es ist wesentlich einfacher zu handhaben als pures Agar-Agar. Ähnliche Produkte bekommt man auch als vegetarische/vegane Gelatine-Alternative unter verschiedenen Markennamen im Handel, die ihr auch verwenden könnt. Achtet nur darauf, dass die verwendete Menge laut Packungsanleitung für 500 ml Flüssigkeit ausreicht. Alternativ kann natürlich auch Agar-Agar benutzt werden (siehe „Käsekuchen", Seite 40).

## WAS MAN ZUM BACKEN SONST SO BRAUCHT

Für die besten Ergebnisse empfehle ich natürlich hochwertige Zutaten, möglichst in Bio-Qualität.

**Mehl:** Alle Rezepte sind, falls nicht anders angegeben, mit weißem Weizenmehl zubereitet worden (Type W 480, Universal).

Solltet ihr eine Vollkorn-Alternative verwenden wollen, empfehle ich Dinkelmehl, aber ich möchte darauf hinweisen, dass die Rezepte nicht damit getestet worden sind.

**Zucker:** Ich verwende als Standard weißen Feinkristallzucker, der aus Zuckerrüben hergestellt wird. Ihr könnt gerne Rohrohrzucker oder eine Alternative dazu verwenden, die ist aber oft grobkörniger und führt damit zu einer „knusprigeren" Konsistenz.

**Brauner Zucker:** Gibt besonders Cookies und Kuchen einen besonderen, leicht karamelligen Geschmack.

**Staubzucker (Puderzucker):** Ist nicht nur zum Verzieren unumgänglich, sondern

wird auch in einigen Rezepten verwendet. Kleiner Tipp: Ist ein Kuchen oben mal etwas zu bräunlich geworden, einfach eine ordentliche Schicht Staubzucker darüberstreuen – so machte es schon meine Oma!

**Bourbon-Vanillezucker:** Ich backe sehr gerne mit Vanillezucker. Achtet aber darauf, nur Vanillezucker mit echter Bourbon-Vanille zu verwenden, denn Vanillinzucker hat damit wenig gemeinsam und wird rein chemisch hergestellt. Ich erinnere ich mich noch, als ich im Chemieunterricht nach Vanille riechende Substanzen im Reagenzglas gezüchtet habe, und glaubt mir, die wollt ihr nicht in euren Keksen. Bourbon-Vanillezucker ist teurer, aber sein Geld absolut wert.

**Erdnussbutter (Erdnussmus):** Erdnussbutter sollte idealerweise nur aus gemahlenen Erdnüssen und Salz bestehen. In der natürlichen Version bekommt man sie auch im Biomarkt oder Reformhaus unter dem Namen „Erdnussmus".

**Kakaopulver:** Am besten puren Kakao aus Fairtrade-Anbau verwenden!

**Schokolade:** Ja, auch Veganer können Schokolade essen! Tatsächlich ist für gute Schokolade Milch unnötig. Ich verwende in meinen Rezepten Schokolade mit einem hohen Kakaoanteil (mind. 50 %) – im Supermarkt, Reformhaus oder Biomarkt ist vegane Zartbitter-Schokolade als Kuvertüre oder Kochschokolade erhältlich. Ein Blick auf die Zutenliste sollte trotzdem sein, denn auch bei Zartbitter-Schokolade schummelt sich gelegentlich Milchpulver oder Butterreinfett dazu. Auch Zartbitter-Schokotropfen und Zartbitter-Schokostreusel finden sich im großen Supermarkt oder Reformhaus. Wer keine veganen Zartbitter-Schokotropfen bekommt, der hackt einfach vegane Zartbitter-Schokolade klein. Ich empfehle übrigens Produkte aus Fairtrade-Anbau – aus Respekt für Mensch und Tier!

Vegane weiße Schokolade findet man im Biomarkt oder Reformhaus und sie kann natürlich auch bei verschiedensten veganen Online-Shops bestellt werden. Sie wird meistens auf der Basis von Reis- oder Sojamilch hergestellt.

**Maisstärke:** Bindet Saucen und Cremes und sorgt auch für fluffige Kuchen und Muffins. Am besten wird Maisstärke vor Gebrauch gesiebt, sonst kann sie leicht klumpen.

**Vanille-Puddingpulver:** Ist im Prinzip Stärke mit etwas Vanille vermischt. Viele Puddingpulver sind vegan. Sie binden Füllungen hervorragend und geben gleichzeitig eine zarte Vanille-Note.

**Agaven- und Ahornsirup:** Beides sind süße Sirupe, die in einigen Rezepten verwendet werden und über Waffeln oder Pancakes ausgezeichnet schmecken. Ahornsirup hat einen starken Eigengeschmack, was nicht jeder mag, stattdessen kann Agavendicksaft verwendet werden. Beides ist im gut sortierten Supermarkt erhältlich.

**Vegane Kekse:** In ein paar Rezepten sind vegane Kekse nötig. Dafür geht ihr am besten ins Reformhaus oder den Biomarkt, dort findet ihr eine große Auswahl an leckeren veganen Kekse. Zur Verwendung in meinen Rezepten eignen sich am besten vegane Kekse ohne Füllung.

## DIE RICHTIGE AUSRÜSTUNG

Ich benutze Springformen in zwei verschiedenen Größen (24 cm und 26 cm) sowie eine Guglhupfform mit 28 cm und eine kleine rechteckige Form für Brownies. Kuchenformen müssen nicht super teuer sein, aber sollten eine angemessen dicke Wand haben, damit die Wärme gut weitergegeben wird und der Kuchen nicht außen verbrennt, während er innen noch roh ist.

Eine Küchenwaage und ein Messbecher sind natürlich unumgänglich. Außerdem lohnt sich auch die Anschaffung von einem Set an Esslöffel- und Teelöffel-Maßen.

Zum Verrühren von veganer Butter und Zucker wird ein Handmixer benötigt, zum Zerkleinern und Zubereiten von Cremes ein Mixer.

Ich habe zum Backen eine hohe, schlanke Schüssel (zum Vermixen von Butter und Zucker) sowie eine mittlere und eine große Schüssel zum Anrühren von Teigen. Ich würde Schüsseln aus Plastik oder Glas empfehlen, da es vorkommen kann, dass Schüsseln aus Metall mit Zutaten im Teig reagieren.

Zum Verrühren von Teigen eignen sich Schneebesen oder normale Löffel. Ein Teigspachtel hilft, auch den letzten Rest des Teigs in die Form zu befördern.

Für Muffins muss eine feste Muffinform her, die mit den Papierförmchen ausgelegt wird. Ich weiß, manche versuchen, Muffins nur in den Papierförmchen zu backen, aber die allermeisten Papierförmchen eignen sich nicht dafür und geben nach. Das führt zu unförmigen, flachen Muffins, die trocken schmecken.

Auch wenn ihr nicht sehr viel Eis esst, empfehle ich euch unbedingt einen Eisportionierer. Er ist ungemein praktisch, um den Teig gleichmäßig auf die Muffin-Form aufzuteilen und genau gleich große Cookies zu formen. Symmetrie-Freaks wie mir ist das natürlich ungemein wichtig.

Ein unschätzbarer Partner beim Backen ist Backpapier. Ich habe mich jahrelang damit geplagt, Kuchenformen fingerdick einzufetten, und trotzdem blieb oft etwas Kuchen an der Form hängen. Legt man die Kuchenform mit Backpapier aus und fettet sie nur an den Seiten ein, löst sich der Kuchen leicht aus der Form und man kann das Backpapier einfach abziehen. Dafür lege ich das Backpapier auf den Boden einer Springform, gebe die obere, seitliche Form darüber und ziehe diese fest, so dass das Papier eingeklemmt ist, die überschüssigen Ränder schneide ich ab.

Für die hübschen Cremehäubchen auf Cupcakes empfehle ich den Kauf eines „Profi-Spritzbeutels" mit verschiedenen Tüllen, die zum Glück nicht die Welt kosten und zu schöneren Ergebnissen führen als Einweg-Spritzbeutel.

Für einige Rezepte wie Pancakes oder French Toast braucht ihr eine Pfanne. Ich empfehle eine beschichtete Pfanne, in der mit wenig Öl gearbeitet werden kann und in der nichts hängen bleibt.

## EIN PAAR WORTE, BEVOR ES LOSGEHT

**Alles vorbereiten.** Optimale Ergebnisse erzielt man, wenn man sich das ganze Rezept in Ruhe durchliest, die Zutaten griffbereit hat und die Backform bereits vorbereitet ist (also eingefettet oder mit Papierförmchen ausgelegt). So verhindert man eine lange Wartezeit, in der die Backtriebmittel im Teig aber bereits aktiv sind, und der Teig kann gleich in den vorgeheizten Ofen. Manche Rezepte brauchen außerdem eine längere Vorbereitung (in der z. B. Sojajoghurt abgetropft werden muss), was aber im Rezept vermerkt ist.

**Teig und Cremes** rühren. In vielen Rezepten ist ausdrücklich vermerkt, dass man den Teig vorsichtig verrühren soll. Warum? Durch sehr starkes Rühren kann das Backwerk schwer und zäh werden oder im Ofen sogar zusammenfallen. Darum rückt

nicht jedem Teig gleich mit dem Handmixer zu Leibe, sondern mischt lieber mit einem Löffel oder einer Gabel. Ausnahme: Wenn vegane Butter und Zucker verrührt werden sollen – das geht oft nur mit dem Handmixer, aber das gebe ich im Rezept an.

**Wann ist es fertig?** Die Angaben in diesem Buch zur Temperatur und Backzeit sind Richtwerte, die ich an meinem und anderen Backöfen getestet habe (ich empfehle übrigens Ober-/Unterhitze). Da aber jeder Backofen leider etwas verschieden heizt, habt euer Backwerk unbedingt im Auge, vertraut vor allem eurem fachmännischen Urteil und passt die Temperatur oder die Backzeit an euren Ofen an.

• Sollte der Teig vor Ablauf der angegebenen Backzeit schon verdächtig goldbraun aussehen, einfach mit etwas Alufolie abdecken und fertig backen. Die Temperatur beim nächsten Mal eventuell etwas nach unten regulieren.

• Das Backwerk ist fertig, wenn ein Stäbchen oder Zahnstocher, in die Mitte des Teigs gestochen und herausgezogen, sauber wieder herauskommt. Sollte noch Teig daran kleben, verlängert die Backzeiten noch um zwei bis drei Minuten.

• Bei Cookies gilt, dass sie einen leicht gebräunten Rand haben sollen, aber in der Mitte noch weich sein können, wenn sie aus dem Ofen kommen, da sie nach dem Abkühlen noch fester werden. Solltet ihr eher knusprige Cookies mögen, einfach ein bis zwei Minuten länger im Ofen lassen.

• Falls auf den Kuchen oder die Cupcakes noch eine Glasur kommt, wartet unbedingt, bis alles vollständig (also auch an der Unterseite) abgekühlt ist. Die Creme könnte sonst in den Teig einziehen, und daran hat niemand Freude.

**Das Um und Auf:** genaues Arbeiten. Vielleicht klinge ich nun wie Frau Oberlehrerin, mit Dutt, Faltenrock und Hornbrille, aber ganz ehrlich: Backen erfordert genaues Arbeiten. Die Zutaten müssen abgemessen und abgewogen werden, um optimale Ergebnisse zu erhalten. Eine Freundin hat meinen Schokokuchen gebacken und sich dann beschwert, dass er so bitter war – nach etwas Nachfragen hat sich herausgestellt, dass die Küchenwaage beim Kakaopulver dann den Geist aufgegeben hat und sie zu viel davon erwischt hat.

**Ein Rezept ist ein Rezept.** Ihr backt ausschließlich mit Vollkornmehl, lasst den Zucker weg und statt des Öls kommt Apfelmus in den Teig? Wunderbar, aber dann habe ich auch nicht viel Mitleid, wenn der Kuchen hart wie Stein geworden ist. Damit will ich nicht sagen, dass es nicht ganz wunderbare, vollwertige Kuchen gibt, sondern dass ein Rezept für bestimmte Zutaten ausgelegt ist, nämlich für die, die im Rezept stehen.

KUCHEN UN

# D TORTEN

Kuchen und Torten haben etwas Magisches ... sie machen einen Geburtstag zu einem Happy Birthday, einen normalen Sonntag zum gemütlichen Kaffeeklatsch mit der besten Freundin und einen besonderen Tag noch besser. Kurz: Ich liebe Kuchen und Torten, sie sind so etwas wie die Pfeiler unserer Gesellschaft. Natürlich schmecken die veganen Kuchen allein schon unglaublich gut, aber noch besser sind sie, wenn ihr sie mit einer dicken Schicht Staubzucker oder einem Klacks veganer Schlagsahne und vielleicht ein paar frischen Früchten serviert. Dann wird ein normales Stück Kuchen oder Torte zu einem perfekten Dessert.

# VANILLE-KIRSCH-KUCHEN

## ZUTATEN:

250 ml Sojamilch
1 EL Essig
350 g Mehl
180 g Zucker
2 Pkg. Bourbon-Vanillezucker
1 Vanilleschote, Mark
ausgekratzt
1 TL Salz
1 EL Backpulver
1/4 TL Natron
1/4 TL Zimt
100 ml Öl
150 g eingelegte oder frische
Kirschen, abgetropft bzw.
gewaschen

### ZUM BESTREUEN:
Staubzucker (Puderzucker)

## ZUBEREITUNG:

**1** Ofen auf 180 °C vorheizen. Eine Springform (24 cm) mit Backpapier auslegen und an den Seiten einfetten.

**2** Die Sojamilch mit dem Essig vermischen und beiseitestellen. Mehl, Zucker, Bourbon-Vanillezucker, Mark der Vanilleschote, Salz, Backpulver, Natron und Zimt in einer großen Schüssel verrühren. Öl und Sojamilch hinzugeben und zu einem glatten Teig verrühren.

**3** Den Teig in die Springform füllen, die Kirschen auf den Teig legen und leicht eindrücken. Bei 180 °C etwa 35–40 Minuten backen (oder so lange, bis ein Zahnstocher, in die Mitte des Kuchens gestochen, sauber wieder herauskommt). Auskühlen lassen und dick mit Staubzucker bestreuen.

Ein einfacher, köstlicher Kuchen.
Anstatt Kirschen kann man auch
frische Heidelbeeren, Himbeeren oder
Stachelbeeren verwenden!

# AMEISENKUCHEN

## ZUTATEN:

250 ml Sojamilch mit
Vanillegeschmack
1 EL Essig
350 g Mehl
200 g Zucker
1 Pkg. Bourbon-Vanillezucker
1 TL Salz
1 Pkg. Backpulver
1/4 TL Zimt
120 ml Öl
80 g Zartbitter-Schokostreusel
(mind. 50 % Kakao)
oder geraspelte Zartbitter-
Schokolade

### ZUM BESTREUEN:
Staubzucker (Puderzucker)

## ZUBEREITUNG:

**1** Ofen auf 180 °C vorheizen. Eine Brotbackform (30 cm) mit Backpapier auslegen.

**2** Vanille-Sojamilch und Essig vermischen und beiseitestellen. Mehl, Zucker, Bourbon-Vanillezucker, Salz, Backpulver und Zimt vermischen. Mit dem Öl und der Sojamilch-Essig-Mischung zu einem glatten Teig rühren, dann die Schokostreusel unterrühren.

**3** Bei 180 °C 30–40 Minuten backen (oder so lange, bis ein Zahnstocher, in die Mitte des Kuchens gestochen, sauber wieder herauskommt). Wenn der Kuchen oben zu braun wird, einfach mit etwas Alufolie abdecken und weiter backen. Auskühlen lassen, aus der Form heben und mit Staubzucker bestreuen.

Die Mutter meiner besten Freundin in der Kindheit machte einen umwerfenden Ameisenkuchen, innen süß und saftig, außen mit knuspriger Kruste. Darum werde ich ganz nostalgisch, wenn ich in diesen Kuchen beiße.

# HASELNUSSTORTE

*Ich finde alleine die Creme einfach umwerfend und könnte sie sogar pur essen.
Die Torte schmeckt auch mit Mandeln ausgezeichnet!*

## ZUTATEN FÜR DEN TEIG:

300 ml Sojamilch
2 EL Essig
230 g Mehl
120 g gemahlene Haselnüsse
150 g Zucker
2 Pkg. Bourbon-Vanillezucker
1 EL Backpulver
1/2 TL Natron
1/2 TL Salz
1/4 TL Zimt
100 ml Öl

### FÜR DIE CREME:

1/2 Pkg. Vanille-Puddingpulver
(etwa 15–20 g; ursprünglich
für 500 ml Flüssigkeit)
250 ml Sojamilch
1 Pkg. Bourbon-Vanillezucker
3 EL Rum
50 g pflanzliche Margarine,
weich
50 g Zucker
50 g gemahlene Haselnüsse

### ZUM ZUSAMMENSETZEN:

3–4 EL Preiselbeer-Marmelade
Nüsse, geraspelte Zartbitter-
Schokolade (mind. 50 % Kakao)
nach Belieben

## ZUBEREITUNG:

**1** Ofen auf 180 °C vorheizen. Eine Springform (24 cm)
mit Backpapier auslegen und an den Seiten einfetten.
Sojamilch mit Essig verrühren und beiseitestellen. Mehl,
Nüsse, Zucker, Bourbon-Vanillezucker, Backpulver,
Natron, Salz und Zimt miteinander vermischen.
Sojamilch samt Essig und Öl hinzugeben und zu einem
glatten Teig verrühren. In die Form füllen und bei
180 °C etwa 28–30 Minuten backen (oder so lange, bis ein
Zahnstocher, in die Mitte des Kuchens gestochen, sauber
wieder herauskommt). Dann komplett auskühlen lassen.

**2** Aus Vanille-Puddingpulver, Sojamilch und Bourbon-
Vanillezucker einen Pudding laut Packungsanleitung
kochen (eben nur die halbe Menge zubereiten). Den Rum
unterrühren, den Pudding mit Klarsichtfolie abdecken
und komplett auf Raumtemperatur auskühlen lassen.
Alle Zutaten müssen dann die gleiche Temperatur haben,
sonst kann die Creme leicht ausflocken.

**3** Die Margarine mit dem Zucker vermixen. Anschließend
den Pudding esslöffelweise untermischen und zuletzt die
Haselnüsse hineinrühren. Die Creme etwa eine Stunde
kalt stellen.

**4** Den Kuchen horizontal in zwei Hälften teilen. Auf
die untere Hälfte die Marmelade und etwas weniger als
die Hälfte der Creme streichen. Die zweite Hälfte darauf-
legen, die restliche Creme darauf auftragen und nach
Belieben mit Nüssen oder geraspelter Schokolade
bestreuen. Zwei bis drei Stunden kühl stellen.

# SAFTIGER ZUCCHINIKUCHEN

*Wer kennt sie nicht, die Zucchini-Flut im Sommer? Dieser Kuchen schafft Abhilfe.*
*Er ist sehr saftig und schmeckt am besten pur oder mit Staubzucker bestreut!*

## ZUTATEN:

3 EL gemahlene Leinsamen
9 EL Wasser
300 g geraspelte Zucchini
(samt Schale)
250 g Mehl
60 g brauner Zucker
90 g weißer Zucker
2 Pkg. Bourbon-Vanillezucker
1 TL Natron
1 TL Backpulver
1 TL Zimt
1/4 TL Muskat
1/2 TL Salz
120 ml Öl
3 EL Sojamilch

## ZUBEREITUNG:

**1** Ofen auf 180 °C vorheizen. Springform (24 cm) mit Backpapier auslegen und an den Seiten einfetten.

**2** Leinsamen mit Wasser sehr gut verrühren und beiseitestellen. Mehl, Zucker, Bourbon-Vanillezucker, Natron, Backpulver, Zimt, Muskat und Salz miteinander vermischen. Öl, Sojamilch, Leinsamen und Zucchini hinzugeben und zu einem glatten Teig verrühren.

**3** Teig in eine Form füllen und bei 180 °C etwa 37–42 Minuten backen (oder so lange, bis ein Zahnstocher, in die Mitte des Kuchens gestochen, sauber wieder herauskommt).

# KAROTTENKUCHEN

## ZUTATEN:

### FÜR DEN TEIG:
200 g Mehl
50 g gemahlene Mandeln
120 g weißer Zucker
30 g brauner Zucker
1 Pkg. Bourbon-Vanillezucker
1 TL Natron
1 1/4 TL Backpulver
1 TL Zimt
1/2 TL Salz
80 g geriebene Karotten
(Möhren)
200 g Sojajoghurt mit
Vanillegeschmack
100 ml Öl

### FÜR DIE GLASUR:
100 g gesiebter Staubzucker
(Puderzucker)
3 EL Zitronensaft
1/2 TL Abrieb von 1 Bio-Zitrone

## ZUBEREITUNG:

**1** Ofen auf 180 °C vorheizen. Eine Springform (24 cm) mit Backpapier auslegen und an den Seiten einfetten.

**2** Für den Teig Mehl, Mandeln, Zucker, Bourbon-Vanillezucker, Natron, Backpulver, Zimt und Salz in einer mittelgroßen Schüssel gut vermischen. In einer großen Schüssel die Karotten, das Sojajoghurt und das Öl gut miteinander vermengen. Die Mehlmischung zu dem Karottengemisch geben und alles vorsichtig verrühren, nur so lange, bis ein glatter Teig entstanden ist.

**3** Den Teig in die Springform füllen, glatt streichen und bei 180 °C etwa 25–30 Minuten backen (oder so lange, bis ein Zahnstocher, in die Mitte hineingesteckt, sauber wieder herauskommt).

**4** Für die Glasur alle Zutaten miteinander vermischen, bis eine dickflüssige Glasur entstanden ist. Den Karottenkuchen nach dem Abkühlen mit der Glasur überziehen.

Ein Klassiker, den ich schon seit Jahren backe und der mir bereits einen Heiratsantrag von einem Fremden eingebracht hat (nein, ich habe nicht angenommen). Schmeckt am besten mit Staubzucker oder einer Zitronenglasur!

# MAD-MEN-TORTE

*Ich liebe die TV-Serie „Mad Men", die in den USA der 60er Jahre spielt und in der diese Ananas-Torte schon vorkommt – heute ist sie nicht nur richtig retro, sondern auch sehr köstlich!*

## ZUTATEN:

### FÜR DEN BELAG:
270 g frische Ananas, in Stücken
70 g pflanzliche Margarine
100 g brauner Zucker

### FÜR DEN TEIG:
250 ml Sojamilch
1 EL Essig
250 g Mehl
100 g weißer Zucker
20 g brauner Zucker
2 Pkg. Bourbon-Vanillezucker
3 TL Backpulver
3/4 TL Salz
1/4 TL Zimt
1 Prise Muskat
80 ml Öl

## ZUBEREITUNG:

**1** Ofen auf 180 °C vorheizen. Eine Springform (24 cm) gut einfetten und die Form außen gut mit Alufolie einpacken, damit im Ofen nichts ausrinnen kann – den Ananassaft habt ihr sonst im Backofen!

**2** Den Boden mit den Ananasstücken auslegen, so dass er bedeckt ist. In einem Topf die Margarine schmelzen, dann den braunen Zucker (100 g) einrühren und über die Ananasstücke streichen.

**3** Für den Teig Sojamilch mit Essig verrühren und beiseitestellen. Mehl, Zucker, Bourbon-Vanillezucker, Backpulver, Salz, Zimt und Muskat in einer Schüssel vermischen. Öl und Sojamilch hinzufügen und zu einem glatten Teig verrühren. In die Form füllen und bei 180 °C etwa 30–35 Minuten backen (oder so lange, bis ein Zahnstocher, in den Kuchen gestochen, sauber wieder herauskommt).

**4** Etwa 10–15 Minuten auskühlen lassen, dann ein Messer am Rand der Form entlangführen, um den Kuchen zu lösen. Den Kuchen komplett auskühlen lassen. Die Seiten der Form entfernen, auf den Kuchen eine Servierplatte legen und den Kuchen vorsichtig daraufstürzen. Die Unterseite der Form vorsichtig abziehen – die Ananasstücke sollten nun oben sein!

# MOHNTORTE

*Die Kombination von Mohnkuchen und Himbeeren habe ich bei meiner Schwiegermutter vor Jahren das erste Mal kennengelernt. Der herbe Mohn im süßen Teig harmoniert perfekt mit den säuerlichen Himbeeren und der Schokolade.*

## ZUTATEN:

### FÜR DEN TEIG:
250 ml Sojamilch
2 EL Essig
200 g Mehl
100 g gemahlener Mohn
1 EL Backpulver
1/2 TL Natron
1/2 TL Salz
1 Pkg. Bourbon-Vanillezucker
180 g Zucker
120 ml Öl

### FÜR DEN SCHOKOGUSS:
100 g vegane Zartbitter-Schokolade (mind. 50 % Kakao)
4–5 EL Sojamilch
Große Handvoll frische Himbeeren, gewaschen und trockengetupft

## ZUBEREITUNG:

**1** Ofen auf 180 °C vorheizen. Springform (24 cm) mit Backpapier auslegen und an den Seiten einfetten.

**2** Sojamilch mit Essig vermischen und kurz beiseitestellen. Mehl, Mohn, Backpulver, Natron, Salz, Zucker und Bourbon-Vanillezucker vermischen. Sojamilch und Öl hinzugeben und einen glatten Teig daraus mischen. In die Form füllen und 30–35 Minuten backen. Auskühlen lassen.

**3** Für den Schokoguss Schokolade mit der Sojamilch in einem Topf sehr vorsichtig schmelzen (Achtung, Schokolade brennt leicht an, darum wirklich wenig Hitze verwenden) und rühren, bis eine gießbare Sauce entstanden ist. Den Schokoguss noch warm auf dem Kuchen verteilen und die Himbeeren darauf arrangieren.

# MARMORKUCHEN

## ZUTATEN:

170 g pflanzliche Margarine, weich
200 g Zucker
1 Pkg. Bourbon-Vanillezucker
1/4 TL Salz
140 g Sojajoghurt, natur
330 g Mehl
20 g gesiebte Maisstärke
1 Pkg. Backpulver
100 ml Sojamilch
20 g Kakaopulver
4 EL Sojamilch
20 g Zucker

### ZUM BESTREUEN:
Staubzucker (Puderzucker)

## ZUBEREITUNG:

**1** Ofen auf 180 °C vorheizen. Eine Springform mit Loch oder eine Guglhupfform gut einfetten.

**2** In einer großen, hohen Schüssel die weiche Margarine mit einem Handmixer geschmeidig rühren. In einer zweiten Schüssel Zucker, Bourbon-Vanillezucker und Salz verrühren. Dann mit der Margarine sehr gut vermixen. Das Sojajoghurt dazugeben und noch einmal verrühren.

**3** Das Mehl in einer separaten Schüssel mit dem Backpulver und der gesiebten Maisstärke vermischen. Gemeinsam mit der Sojamilch zur Margarine-Mischung geben und mit einem Löffel sehr gut verrühren. 2/3 des Teiges in die vorbereitete Form streichen.

**4** In einer kleinen Schüssel das Kakaopulver mit dem restlichen Zucker und der Milch verrühren. Unter den restlichen Teig heben und glatt rühren.

**5** Den dunklen Teig behutsam auf den hellen Teig in der Form streichen. Mit einer Gabel spiralförmig durch die Teigschichten ziehen. Dann die Oberfläche noch etwas glätten und etwa 30–40 Minuten bei 180 °C backen (oder so lange, bis ein Zahnstocher, in den Kuchen gestochen, sauber wieder herauskommt). Den Kuchen nicht zu lange im Ofen lassen, sonst kann er trocken werden! Vollständig abkühlen lassen und mit Staubzucker bestreuen.

Das ist der Lieblingskuchen meines
Mannes, den er zu seinem Geburtstag
immer lautstark verlangt. Wer möchte,
überzieht den Kuchen mit einem
Schokoguss (siehe Soft-Cake-Kuchen,
Seite 36) und dekoriert ihn mit
veganen Gummibärchen (gibt es im
Supermarkt) für einen kindlichen
Geburtstagskuchen.

# SOFT-CAKE-KUCHEN

*Benannt nach den Lieblingskeksen aus meiner Kindheit –*
*die Kombination von Schokolade und Orange ist einfach unschlagbar.*

## ZUTATEN:

### FÜR DEN TEIG:
350 g Mehl
150 g Zucker
2 Pkg. Bourbon-Vanillezucker
1 TL Salz
1 EL Backpulver
1/4 TL Natron
150 ml Öl
Abrieb von 1 großen Bio-Orange
250 ml Orangensaft (die Orange
auspressen und den Rest mit
fertigem Orangensaft auffüllen)

### FÜR DEN SCHOKOGUSS:
100 g vegane Zartbitter-
Schokolade (mind. 50 % Kakao)
4 –5 EL Sojamilch

## ZUBEREITUNG:

**1** Ofen auf 180 °C vorheizen. Eine Springform (26 cm) mit Backpapier auslegen und an den Seiten einfetten.

**2** Mehl, Zucker, Bourbon-Vanillezucker, Salz, Backpulver und Natron vermischen. Öl mit dem Orangen-Abrieb und dem Saft gut versprudeln und zu den trockenen Zutaten geben. Mit einem Löffel einen glatten Teig daraus rühren. In die Springform füllen und bei 180 °C etwa 30–35 Minuten backen (oder so lange, bis ein Zahnstocher, in die Mitte des Kuchen gestochen, sauber wieder herauskommt).

**3** Schokolade mit der Sojamilch in einem Topf sehr vorsichtig schmelzen (Achtung: Schokolade brennt leicht an, darum wirklich wenig Hitze verwenden) und rühren, bis eine gießbare Sauce entstanden ist. Den Schokoguss noch warm auf dem Kuchen verteilen.

# RHABARBERKUCHEN MIT ZUCKERKRUSTE

*Die Mischung aus säuerlichem Rhabarber und süßem braunen Zucker schmeckt einfach himmlisch.*

## ZUTATEN:

1 EL gemahlene Leinsamen
3 EL Wasser
200 ml Sojamilch
1 EL Essig
110 g pflanzliche Margarine, weich
80 g weißer Zucker
120 g brauner Zucker
1 Pkg. Bourbon-Vanillezucker
300 g Mehl
1 TL Natron
1/4 TL Salz
1 TL Zimt
1/4 TL Muskat
300 g Rhabarber, in Stücken
1 EL Mehl
3 EL brauner Zucker

## ZUBEREITUNG:

**1** Ofen auf 180 °C vorheizen. Eine Springform (26 cm) mit Backpapier auslegen und an den Seiten einfetten.

**2** Leinsamen mit Wasser sehr gut vermischen und beiseitestellen. Die Sojamilch mit dem Essig vermischen und beiseitestellen. In einer großen Schüssel die Margarine, den Zucker und den Bourbon-Vanillezucker mit einem Handmixer gut schaumig schlagen, Leinsamen hinzugeben und noch einmal gut vermischen.

**3** In einer zweiten Schüssel Mehl mit Natron, Salz, Zimt und Muskat vermischen. Dann das Mehl mit der Sojamilch zu dem Margarine-Gemisch geben und daraus einen glatten Teig rühren. Den Rhabarber mit 1 EL Mehl vermischen, dann unter den Teig heben. In die Form streichen, den restlichen Zucker darüber streuen und bei 180 °C etwa 35–45 Minuten backen (oder so lange, bis ein Zahnstocher, in die Mitte des Kuchens gestochen, sauber wieder herauskommt).

# SCHOKOLADENTORTE

## ZUTATEN:

300 ml Sojamilch
2 EL Essig
300 g Mehl
220 g Zucker
60 g Kakaopulver
2 Pkg. Bourbon-Vanillezucker
2 TL Backpulver
1/2 TL Natron
1/2 TL Salz
120 ml Öl
2–3 EL Marmelade
(Marille oder Erdbeere)

### FÜR DIE CREME:
100 g pflanzliche Margarine,
weich
80 g Staubzucker (Puderzucker)
30 g Kakaopulver

### ZUM DEKORIEREN:
Beeren (z. B. Himbeeren,
Heidelbeeren)

## ZUBEREITUNG:

**1** Ofen auf 180 °C vorheizen. Eine Springform (24 cm) mit Backpapier auslegen und an den Seiten einfetten.

**2** Sojamilch und Essig vermischen und beiseitestellen. Mehl, Zucker, Bourbon-Vanillezucker, Kakaopulver, Backpulver, Natron und Salz vermischen, dann mit dem Öl und der Sojamilch zu einem glatten Teig rühren. In die Form streichen und bei 180 °C etwa 35–40 Minuten backen. Auskühlen lassen und noch lauwarm mit der Marmelade bestreichen.

**3** Für die Creme die Margarine und den Staubzucker mit einem Handmixer gut verrühren. Kakaopulver hinzugeben und zu einer glatten Creme vermixen. Wenn der Kuchen komplett ausgekühlt ist, mit der Creme bestreichen und mit Beeren belegen.

**Tipp:** Bei sehr warmem Wetter machen 1–2 Packungen Sahnesteif (der ohnehin meistens vegan ist) die Creme besonders gut haltbar.

Die beste Torte für besondere Anlässe wie Geburtstage, Muttertag oder Familienfeiern. Wer möchte, garniert die Torte noch mit frischen Beeren oder essbaren Blüten.

# KÄSEKUCHEN

## ZUTATEN:

### FÜR DEN BODEN:
1 EL gemahlene Leinsamen
2 EL Wasser
200 g Mehl
75 g Zucker
75 g pflanzliche Margarine, weich
1 TL Backpulver
1 Prise Salz

### FÜR DIE FÜLLUNG:
ca. 500 g abgetropftes Sojajoghurt, natur
180 g Zucker
3 EL Zitronensaft
80 ml Öl
2 Pkg. Vanille-Puddingpulver
20 g Maisstärke
250 ml Soja oder Hafer Cuisine
200 ml Kokosmilch
1 Beutel Agartine oder ein anderes pflanzliches Geliermittel für 500 ml Flüssigkeit
(alternativ: 3/4 TL Agar-Agar)

## ZUBEREITUNG:

**1** 24 Stunden vorher: Ca. 1 kg Sojajoghurt in ein großes Sieb, ausgelegt mit Küchenrolle, leeren. Dann das Sieb auf eine Schüssel stellen und ab in den Kühlschrank damit. Nach 24 Stunden solltet ihr ca. 500 g abgetropftes Joghurt im Sieb haben, etwas auf oder ab ist nicht so tragisch.

**2** Ofen auf 180 °C vorheizen. Eine Springform (24 cm) gut einfetten. Für den Teig Leinsamen mit Wasser sehr gut vermischen und kurz beiseitestellen. Mehl, Zucker, Margarine, Backpulver, Salz und Leinsamen mit Wasser gut miteinander verkneten. Den Teig dann gut mit den Fingern fest in die Springform hineindrücken (etwa einen halben Zentimeter dick, auch an den Kanten und den Übergängen zwischen Boden und Rand) und dabei auch den Rand (etwa 3 cm hoch) nicht vergessen. Mit einer Gabel mehrmals einstechen.

**3** Für die Füllung in einer großen Schüssel das abgetropfte Sojajoghurt, Zucker, Zitronensaft, Öl, Soja Cuisine, Maisstärke und Puddingpulver gut mit dem Handmixer verrühren. In einem Topf Agartine mit Kokosmilch aufkochen und 2–3 Minuten unter Rühren köcheln lassen. Dann zu den restlichen Zutaten geben und gut durchmixen. In die vorbereitete Form füllen und glatt streichen.

**4** Bei 180 °C etwa 65–70 Minuten backen. Sollte die Masse oben zu braun werden, einfach mit etwas Alufolie abdecken. Dann den Kuchen im leicht geöffneten Ofen auskühlen lassen (etwa 10–15 Minuten) – keine Sorge, es ist normal, wenn er noch etwas wabbelig ist. Schließlich herausnehmen, mit einem Messer am Rand der Backform entlangfahren, damit sich die Kruste leicht von der Backform löst. Vor dem Anschneiden komplett auskühlen lassen, das kann einige Stunden dauern.

# MOHNKRANZL

## ZUTATEN:

### FÜR DEN TEIG:
200 ml Sojamilch
1 TL Essig
70 g Zucker
80 g pflanzliche Margarine,
weich
400 g Mehl
1 TL Salz
1 Pkg. Trockenhefe

### FÜR DIE FÜLLUNG:
120 g gemahlener Mohn
100 g Zucker
1 Vanilleschote, Mark
ausgekratzt
250 ml Sojamilch
20 g Maisstärke
3 EL Rum (optional)

### FÜR DIE GLASUR:
100 g Staubzucker (Puderzucker)
2 EL Rum
1 EL Wasser
(oder: 3 EL Wasser)

## ZUBEREITUNG:

**1** Für den Teig Sojamilch und Essig vermischen und kurz beiseitestellen. In der Zwischenzeit die Margarine vorsichtig schmelzen und dann zusammen mit dem Zucker zur Sojamilch-Essig-Mischung geben und gut verrühren. Wenn die Mischung lauwarm abgekühlt ist, die Trockenhefe einrühren und einige Minuten stehen lassen. Mehl und Salz gut vermischen, Hefe-Sojamilch untermischen und alles zu einem Teig verkneten (bei Bedarf Sojamilch bzw. Mehl hinzufügen). Etwa 5 Minuten kneten, bis der Teig seidig-glänzend und wenig klebrig ist. In eine Schüssel geben, mit einem feuchten Tuch abdecken und an einem warmen Ort etwa 1 1/2 Stunden rasten lassen.

**2** In der Zwischenzeit die Füllung vorbereiten: In einem Topf Vanillemark mit der Sojamilch, Zucker und Rum mischen. Bei mittlerer Hitze zum Kochen bringen. Den Mohn mit der Maisstärke vermischen und zu den flüssigen Zutaten geben. Kurz köcheln lassen, bis die Masse etwas eingedickt ist. Vom Herd nehmen und unter gelegentlichem Rühren auf Raumtemperatur abkühlen lassen.

**3** Ofen auf 160 °C vorheizen. Eine Kranzform oder Guglhupfform (28 cm) gut einfetten. Den Teig zu einem großen Rechteck ausrollen und die Mohnfüllung aufstreichen. Den Teig zu einer Rolle wickeln und in etwa 5 cm große Scheiben schneiden. Die Scheiben in der Kranzform anordnen, mit der Schnittfläche nach oben – etwas zusammenpressen macht hier nichts aus! Im Ofen bei 160 °C etwa 40 Minuten backen (oder so lange, bis ein Zahnstocher, in den Kuchen gestochen, sauber wieder herauskommt). Gut abkühlen lassen.

**4** Für die Glasur Zutaten gut miteinander vermischen und auf den abgekühlten Kuchen träufeln.

# CUPCAKES UND MUFFINS

Vor einigen Jahren tauchten plötzlich Cupcakes auf – süße Muffins mit Cremehäubchen. Und sie waren gekommen, um zu bleiben. Auch nach all der Zeit machen Cupcakes noch immer richtig was her. Muffins stehen ihnen um nichts nach: Sie sind einfach zu portionieren, sehen hübsch aus – und jeder freut sich, wenn er einen Muffin bekommt. Wenn ihr euch je gefragt habt, was der Unterschied zwischen einem Muffin und einem Cupcake ist: Es ist nicht nur das Creme-Häubchen oder die Glasur der Cupcakes – der Unterschied liegt im Teig. Cupcakes haben in der Konsistenz einen kuchen-ähnlicheren Teig, während der von Muffins eher dem von Brot gleicht. Der Unterschied ist zwar fließend, aber trotzdem eine tolle Info, wenn ihr Gäste mit eurem Fachwissen beeindrucken möchtet.

# NOUGAT-CUPCAKES
## (12 STÜCK)

## ZUTATEN:

150 ml Sojamilch
1 TL Essig
200 g Mehl
1 1/2 TL Backpulver
1/2 TL Natron
1/4 TL Salz
130 g Zucker
1/4 TL Zimt
1 Pkg. Bourbon-Vanillezucker
50 ml Öl
120 g Nougat

## ZUBEREITUNG:

**1** Ofen auf 180 °C vorheizen. Muffinform mit Papierförmchen auslegen.

**2** Sojamilch mit dem Essig vermischen und beiseitestellen. Das Nougat in 12 gleich große Stücke schneiden. Mehl, Backpulver, Natron, Salz, Zucker, Zimt und Bourbon-Vanillezucker miteinander vermischen. Mit dem Öl und der Sojamilch zu einem glatten Teig rühren.

**3** Den Teig auf die Förmchen aufteilen und jeweils ein Stück Nougat leicht in die Mitte des Cupcakes pressen. Bei 180 °C 15–18 Minuten backen (oder so lange, bis ein Zahnstocher, in den Cupcake gestochen, sauber wieder herauskommt).

Veganes Nougat findet man im Biomarkt oder Reformhaus. Ansonsten kann man auch die Lieblingsschokolade verwenden.

# PEANUT BUTTER & JELLY CUPCAKES (12 STÜCK)

*Lange Zeit dachte ich, Erdnussbutter sei furchtbar, bis ich schließlich erkannte, wie falsch ich damit lag. In diesen Cupcakes kommt Erdnussbutter mit ihrem besten amerikanischen Freund, der Marmelade („Jelly"), zusammen.*

## ZUTATEN:

200 ml Sojamilch
1 EL Essig
250 g Mehl
150 g Zucker
2 Pkg. Bourbon-Vanillezucker
1/2 TL Salz
1/4 TL Natron
1 TL Backpulver
1/8 TL Zimt
100 ml Öl
1/2 TL Erdbeer-Marmelade
pro Cupcake

### FÜR DIE CREME:
100 ml Sojamilch
2 EL Mehl (ca. 20 g)
100 g pflanzliche Margarine, weich
60 g Erdnussbutter
70 g Zucker
1 Prise Zimt

## ZUBEREITUNG:

**1** Ofen auf 180 °C vorheizen. Muffinform mit Papierförmchen auslegen.

**2** Sojamilch mit Essig vermischen und beiseitestellen. Mehl, Zucker, Bourbon-Vanillezucker, Salz, Natron, Backpulver und Zimt miteinander vermischen. Mit der Sojamilch und dem Öl zu einem glatten Teig rühren. Bei 180 °C etwa 15–18 Minuten backen (oder so lange, bis ein Zahnstocher, in die Mitte gestochen, sauber wieder herauskommt). Gut auskühlen lassen und mit je 1/2 TL Marmelade pro Cupcake bestreichen.

**3** Für die Creme Sojamilch mit Mehl in einem Topf mit einem Schneebesen gut verrühren und unter ständigem Rühren langsam erhitzen. Die Mischung wird schließlich sehr dickflüssig, daher gut weiterrühren, damit keine Klumpen entstehen. Die Mischung ist fertig, wenn sie eine Konsistenz von sehr dickem Zuckerguss hat und langsam von einem Löffel tropft. Die Mischung auf Raumtemperatur abkühlen lassen. Alle Zutaten sollten die gleiche Temperatur haben (Margarine und Sojamilch-Mischung), ansonsten könnte die Creme ausflocken.

**4** Die Margarine und den Zucker mit dem Handmixer gut verrühren. Dann die abgekühlte Sojamilch-Mischung (esslöffelweise) und die Erdnussbutter und den Zimt dazugeben und weiter ordentlich aufschlagen. Kurz kühl stellen, damit die Creme etwas fester wird und währenddessen einen Spritzbeutel vorbereiten. Creme hineinfüllen und eine kleine Portion auf jeden Cupcake dressieren.

# STRAWBERRY WHITE CHOCOLATE MUFFINS (12 STÜCK)

*Weiße Schokolade verwandelt ein normales Dessert in etwas Besonderes.*
*Vegane weiße Schokolade findet man im Biomarkt oder Reformhaus.*

## ZUTATEN:

150 ml Sojamilch
1 EL Essig
200 g Mehl
1/2 TL Salz
2 TL Backpulver
110 g weißer Zucker
30 g brauner Zucker
2 Pkg. Bourbon-Vanillezucker
1/4 TL Zimt
1 Prise Muskat
80 ml Öl
100 g weiße vegane Schokolade, gehackt (oder Schokotropfen)
200 g Erdbeeren, gewaschen, trockengetupft und in kleinen Stücken

## ZUBEREITUNG:

**1** Ofen auf 180 °C vorheizen. Muffinform mit Papierförmchen auslegen.

**2** Sojamilch mit dem Essig vermischen und beiseitestellen. Mehl, Salz, Backpulver, Zucker, Bourbon-Vanillezucker, Zimt und Muskat miteinander vermischen. Mit Öl und Sojamilch zu einem glatten Teig rühren. Schokolade und Erdbeeren unterheben.

**3** Teig gleichmäßig auf die Förmchen aufteilen und bei 180 °C 19–21 Minuten backen (oder so lange, bis ein Zahnstocher, in die Mitte gestochen, sauber wieder herauskommt).

# DALMATINER-CUPCAKES MIT HÄUBCHEN
## (12 STÜCK)

## ZUTATEN:

### FÜR DEN TEIG:
200 g Mehl
120 g Zucker
1 Pkg. Bourbon-Vanillezucker
1 TL Backpulver
3/4 TL Natron
1/4 TL Salz
180 ml Sojamilch
50 ml Öl
2 kleine Bananen, fein gestampft
(etwa 200 g)
100 g vegane Zartbitter-
Schokotropfen (mind. 50 %
Kakao) oder gehackte Zartbitter-
Schokolade

### FÜR DIE CREME:
150 ml Sojamilch
2 EL Mehl (ca. 20 g)
100 g pflanzliche Margarine,
weich
70 g Zucker
2 Pkg. Bourbon-Vanillezucker
12 Kirschen

## ZUBEREITUNG:

**1** Ofen auf 180 °C vorheizen. Muffinform mit Papierförmchen auslegen. Mehl, Zucker, Bourbon-Vanillezucker, Backpulver, Natron und Salz in einer großen Schüssel vermengen. In einer zweiten Schüssel Sojamilch, Öl und Bananen gut verrühren und zu den trockenen Zutaten geben. Behutsam vermischen, bis ein Teig entstanden ist. Schokotropfen unterheben. Bei 180 °C etwa 20-25 Minuten backen (oder so lange, bis ein Zahnstocher, in die Mitte des Teigss gestochen, sauber wieder herauskommt). Gut auskühlen lassen.

**2** Für die Creme Sojamilch mit Mehl in einem Topf mit einem Schneebesen gut verrühren und unter ständigem Rühren langsam erhitzen. Die Mischung wird schließlich sehr dickflüssig, gut weiterrühren, damit keine Klumpen entstehen. Die Mischung ist fertig, wenn sie eine Konsistenz von sehr dickem Zuckerguss hat und langsam von einem Löffel tropft. Die Mischung auf Raumtemperatur abkühlen lassen. Alle Zutaten sollten die gleiche Temperatur haben (Margarine und Sojamilch-Mischung), ansonsten könnte die Creme ausflocken.

**3** Die Margarine, den Zucker und den Bourbon-Vanillezucker mit dem Handmixer gut verrühren. Dann die abgekühlte Sojamilch-Mischung esslöffelweise hinzugeben und weiter ordentlich aufschlagen. Kurz kühl stellen, damit die Creme etwas fester wird und währenddessen einen Spritzbeutel vorbereiten. Die Creme hineinfüllen und eine kleine Portion auf jeden Cupcake dressieren und je eine Kirsche daraufsetzen. **Tipp:** Bei sehr warmem Wetter machen 1–2 Packungen Sahnesteif (der ohnehin meistens vegan ist) die Creme besonders haltbar!

Schokolade und Banane passen nicht nur wunderbar zusammen, sondern sehen auch noch hübsch als Cupcake aus. Dalmatiner deshalb, weil der Teig des Cupcakes hübsch hell und dunkel gepunktet ist.

# MANNERSCHNITTEN-MUFFINS (12 STÜCK)

*Mannerschnitten sind die klassische österreichische Süßigkeit, und sie sind auch noch vegan. Hier werden sie in köstliche Muffins verwandelt. Wer keine Mannerschnitten hat oder mag (wie kann man nur?), nimmt stattdessen die liebsten veganen Kekse.*

## ZUTATEN:

200 ml Sojamilch
1 EL Essig
250 g Mehl
1 TL Natron
1 Prise Salz
100 g Zucker
2 Pkg. Bourbon-Vanillezucker
180 g Mannerschnitten
80 ml Öl
50 g Sojajoghurt, natur
40 g vegane Schokoladeflocken
oder geraspelte Schokolade

## ZUBEREITUNG:

**1** Ofen auf 180 °C vorheizen. Muffinform mit Papierförmchen auslegen.

**2** Sojamilch mit Essig vermischen und kurz beiseitestellen.

**3** Mannerschnitten zerkleinern, bis die Stückchen maximal daumennagelgroß oder noch kleiner sind. Mehl, Natron, Salz, Zucker, Bourbon-Vanillezucker und Mannerschnitten vermischen. Sojamilch-Essig-Mischung, Öl und Sojajoghurt hinzugeben und mit einem Löffel zu einem glatten Teig verrühren. Schokolade unterheben und Teig auf die Muffinform teilen. Bei 180 °C etwa 20–27 Minuten backen (oder so lange, bis ein Zahnstocher, in die Mitte des Muffins gestochen, sauber wieder herauskommt).

# BANANEN-KOKOS-MUFFINS
## (12 STÜCK)

*Meine ersten veganen Muffins, die immer noch einen besonderen Platz in meinem Herzen haben.*

## ZUTATEN:

3 sehr reife Bananen, fein gestampft
50 ml Öl
200 g Zucker
300 g Mehl
1 TL Natron
1 TL Salz
60 g Kokosflocken

## ZUBEREITUNG:

**1** Ofen auf 180 °C vorheizen. Muffinform mit Papierförmchen auslegen. In einer großen Schüssel die Bananen sehr gut mit einer Gabel zerstampfen, Öl und Zucker dazugeben und miteinander verrühren.

**2** In einer zweiten Schüssel Mehl mit Natron und Salz gut vermischen. Die Mehlmischung zu den Bananen geben und verrühren, bis die Zutaten vermischt sind. Zum Schluss die Kokosflocken unterheben.

**3** Den Teig in die Muffin-Formen füllen und etwa 20–25 Minuten backen (oder so lange, bis ein Zahnstocher, in die Mitte gestochen, sauber wieder herauskommt). Gut auskühlen lassen.

# HEIDELBEER-MUFFINS
## (12 STÜCK)

## ZUTATEN:

120 ml Sojamilch
1 TL Essig
250 g Mehl
2 Pkg. Bourbon-Vanillezucker
100 g Zucker
1 1/2 TL Backpulver
1/2 TL Natron
1/4 TL Salz
1/8 TL Zimt
200 g Sojajoghurt, natur
60 ml Öl
140 g frische Heidelbeeren,
gewaschen und trockengetupft
1 TL Mehl

## ZUBEREITUNG:

**1** Ofen auf 180 °C vorheizen. Muffinform mit Papierförmchen auslegen.

**2** Sojamilch und Essig vermischen und beiseitestellen. Mehl (bis auf 1 TL), Stärke, Bourbon-Vanillezucker, Zucker, Backpulver, Natron, Salz und Zimt in einer großen Schüssel gut vermischen. In einer zweiten Schüssel Sojajoghurt und Öl gut vermischen. Zusammen mit der Sojamilch zu den trockenen Zutaten geben, und nur so lange vermischen, bis ein Teig entstanden ist.

**3** Die Heidelbeeren mit 1 TL Mehl vermischen. Vorsichtig unter den Teig heben. Gleichmäßig auf die Förmchen aufteilen. Im Ofen 19–25 Minuten backen (oder so lange, bis ein Zahnstocher, in die Mitte gestochen, sauber wieder herauskommt).

Am allerbesten schmecken die Muffins mit frischen Heidelbeeren. Wer trotzdem tiefgekühlte Heidelbeeren verwendet, nimmt sie erst im allerletzten Moment aus dem Tiefkühlfach und gibt sie noch im gefrorenen Zustand in den Teig, da sich der Teig sonst komplett lila färbt. Wer richtig große Muffins möchte, macht nur 10 Stück und lässt die Muffins 3–4 Minuten länger im Ofen.

# TRIPLE CHOCOLATE MUFFINS
## (12 STÜCK)

*Für alle Chocoholics – mehr Schokolade geht fast nicht! Aber wer weiß, vielleicht passt ja eine heiße Schokolade doch ganz gut dazu?*

## ZUTATEN:

250 ml Sojamilch
1 EL Essig
230 g Mehl
1 Pkg. Bourbon-Vanillezucker
60 g Kakaopulver
220 g Zucker
1 1/2 TL Backpulver
1 TL Natron
1/2 TL Salz
100 ml Öl
100 g Sojajoghurt, natur
100 g vegane Zartbitter-Schokolade (mind. 50 % Kakao) oder Schokotropfen
70 g weiße vegane Schokolade, gehackt (oder Schokotropfen)

## ZUBEREITUNG:

**1** Ofen auf 180 °C vorheizen. Muffinform mit Papierförmchen auslegen.

**2** Sojamilch mit dem Essig vermischen und beiseitestellen. Mehl, Bourbon-Vanillezucker, Kakaopulver, Zucker, Backpulver, Natron und Salz vermischen. Mit Öl, Sojajoghurt und Sojamilch zu einem glatten Teig rühren. Schokolade unterheben.

**3** Teig gleichmäßig auf die Förmchen aufteilen und bei 180 °C 18–20 Minuten backen (oder so lange, bis ein Zahnstocher, in die Mitte gestochen, sauber wieder herauskommt).

# SCHOKO-KIRSCH-CUPCAKES
## (12 STÜCK)

*Diese Cupcakes machen richtig was her: Perfekt für Geburtstagsfeiern oder Partys mit Sekt und Cupcakes! Sie sind für eine Freundin entstanden, die die Mischung von Schokoladen und Kirschen über alles liebt.*

## ZUTATEN:

200 ml Sojamilch
1 EL Essig
200 g Mehl
100 g Zucker
1 Pkg. Bourbon-Vanillezucker
10 g Kakaopulver
1 TL Backpulver
1/2 TL Natron
1/4 TL Salz
70 ml Öl
180 g Kirschen aus dem Glas, abgetropft und in kleinen Stücken (+ 12 ganze Kirschen für die Deko)
etwas Kirsch- oder Weichsel-Marmelade

### FÜR DIE CREME:

150 g pflanzliche Margarine, weich
120 g Staubzucker (Puderzucker)
40 g Kakaopulver

## ZUBEREITUNG:

**1** Ofen auf 180 °C vorheizen. Muffinform mit Papierförmchen auslegen. Sojamilch mit Essig vermischen und beiseitestellen.

**2** Mehl, Zucker, Bourbon-Vanillezucker, Kakaopulver, Backpulver, Natron und Salz in einer Schüssel vermischen. Mit Sojamilch und Öl zu einem Teig vermischen und die Kirschen unterheben. Gleichmäßig auf die Förmchen aufteilen und bei 180 °C etwa 16–20 Minuten backen (oder so lange, bis ein Zahnstocher, in die Mitte gestochen, sauber wieder herauskommt). Komplett abkühlen lassen und dann jeden Cupcake mit etwas Marmelade bestreichen.

**3** Für die Creme Margarine und Staubzucker mit einem Handmixer gut verrühren. Kakaopulver hinzugeben und zu einer glatten Creme vermixen. Ein kleines Häubchen auf die Cupcakes dressieren und jeden Cupcake mit einer Kirsche garnieren.

# APFEL-STREUSEL-MUFFINS
## (10 STÜCK)

### ZUTATEN:

250 g Mehl
150 g Zucker
1 Pkg. Bourbon-Vanillezucker
1 1/2 TL Backpulver
1/2 TL Natron
1/2 TL Salz
1/2 TL Zimt
100 g Apfelmus
80 ml Öl
50 ml Sojamilch
200 g geschälte, gewürfelte
Äpfel (ca. 330 g ungeschält,
etwa 2 mittlere Äpfel)

### FÜR DIE STREUSEL:
70 g brauner Zucker
20 g Mehl
20 pflanzliche Margarine, kalt
1/4 TL Zimt

### ZUBEREITUNG:

**1** Ofen auf 180 °C vorheizen. Muffinform mit Papierförmchen auslegen.

**2** In einer großen Schüssel Mehl, Zucker, Bourbon-Vanillezucker, Backpulver, Natron, Zimt und Salz vermischen. Apfelmus, Öl und Sojamilch hinzufügen und zu einem glatten Teig vermischen. Die Apfelstückchen unterheben und den Teig gleichmäßig auf die Förmchen aufteilen.

**3** Für die Streusel Zucker, Mehl und Zimt vermischen. Mit der Margarine zu einer krümeligen Masse kneten. Die Streusel vor dem Backen gleichmäßig auf die Muffins aufteilen.

**4** Die Muffins im Ofen bei 180 °C etwa 19 –21 Minuten backen (oder so lange, bis ein Zahnstocher, in die Mitte des Muffins gestochen, sauber wieder herauskommt).

Diese Muffins sind schnell gemacht und passen zu einem gemütlichen Nachmittag im Herbst, den man komplett auf der heimischen Couch verbringt, mit dem Muffin in der einen und einem heißen Tee in der anderen Hand.

# ZITRONEN-CUPCAKES
## (10 STÜCK)

### ZUTATEN:

250 g Mehl
140 g Zucker
2 Pkg. Bourbon-Vanillezucker
2 1/2 TL Backpulver
1/4 TL Natron
1/4 TL Salz
200 g Sojajoghurt, natur
100 ml Öl
1 1/2 Bio-Zitronen, davon Abrieb
und Saft
2 gehäufte EL Mohnsamen
(+ mehr Mohnsamen für die
Deko)

### FÜR DIE CREME:
150 ml Sojamilch
2 EL Mehl (ca. 20 g)
100 g pflanzliche Margarine,
weich
70 g Zucker
2 Pkg. Bourbon-Vanillezucker
Abrieb von 1/2 Bio-Zitrone

### ZUBEREITUNG:

**1** Ofen auf 180 °C vorheizen. Muffinform mit Papierförmchen auslegen.

**2** Mehl, Zucker, Bourbon-Vanillezucker, Backpulver, Natron, und Salz vermischen. Sojajoghurt, Öl, Abrieb und Saft der Zitronen hinzugeben und zu einem glatten Teig verrühren, dann die Mohnsamen unterheben. Auf die Förmchen aufteilen und bei 180 °C etwa 16–18 Minuten backen (oder so lange, bis ein Zahnstocher, in die Mitte des Muffins gestochen, sauber wieder herauskommt).

**3** Für die Creme Sojamilch mit Mehl in einem Topf mit einem Schneebesen gut verrühren und unter ständigem Rühren langsam erhitzen. Die Mischung wird schließlich sehr dickflüssig, gut weiterrühren, damit keine Klumpen entstehen. Die Mischung ist fertig, wenn sie eine Konsistenz von sehr dickem Zuckerguss hat und langsam von einem Löffel tropft. Die Mischung kalt auf Raumtemperatur abkühlen lassen. Alle Zutaten sollten die gleiche Temperatur haben (Margarine und Sojamilch-Mischung), ansonsten könnte die Creme ausflocken.

**4** Die Margarine, den Zucker und den Bourbon-Vanillezucker mit dem Handmixer gut verrühren. Die abgekühlte Sojamilch-Mischung esslöffelweise hinzugeben und weiter ordentlich aufschlagen, dann den Abrieb der Zitrone unterrühren. Kurz kühl stellen, damit die Creme etwas fester wird und währenddessen einen Spritzbeutel vorbereiten. Creme hineinfüllen und eine kleine Portion auf jeden Cupcake dressieren und mit mehr Mohnsamen bestreuen.

Diese Cupcakes wirken durch die Mischung von Zitrone und Mohn sehr erwachsen und schmecken trotzdem allen. Wer möchte, glasiert sie mit einer einfachen Zuckerglasur (siehe Karottenkuchen, Seite 30) oder verpasst ihnen ein hübsches Häubchen aus leckerer Zitronencreme.

# MOCHA-CUPCAKES
## (12 STÜCK)

*Genau das Richtige für Koffein-Junkies (so wie ich einer bin, was ich aber nicht gerne zugebe) ...*

### ZUTATEN:

#### FÜR DEN TEIG:
250 g Mehl
2 Pkg. Bourbon-Vanillezucker
170 g Zucker
3/4 TL Salz
1 TL Backpulver
1/4 TL Natron
2 – 3 TL Instant-Espresso- oder Instant-Kaffeepulver
20 g Kakaopulver
1 EL Essig
100 ml Öl
200 ml kalter, starker Kaffee

#### FÜR DIE CREME:
150 ml Kaffee
2 EL Mehl (ca. 20 g)
100 g pflanzliche Margarine, weich
2 Pkg. Bourbon-Vanillezucker
70 g Zucker
1 TL Instant-Espresso- oder Instant-Kaffeepulver
1 Prise Zimt

### ZUBEREITUNG:

**1** Ofen auf 180 °C vorheizen. Muffinform mit Papierförmchen auslegen.

**2** Für den Teig Mehl, Bourbon-Vanillezucker, Zucker, Salz, Backpulver, Natron, Instant-Kaffeepulver und Kakaopulver in einer Schüssel verrühren. Essig, Öl und Kaffee hinzufügen und zu einem glatten Teig verrühren. Auf die Förmchen aufteilen und bei 180 °C etwa 13–16 Minuten backen (oder so lange, bis ein Zahnstocher, in die Mitte des Cupcakes gestochen, sauber wieder herauskommt).

**3** Für die Creme Kaffee und Mehl in einem Topf mit einem Schneebesen gut verrühren und unter ständigem Rühren langsam erhitzen. Die Mischung wird schließlich sehr dickflüssig, gut weiterrühren, damit keine Klumpen entstehen. Die Mischung ist fertig, wenn sie eine Konsistenz von sehr dickem Zuckerguss hat und langsam vom Löffel tropft. Die Mischung kalt stellen und auf Raumtemperatur abkühlen lassen. Alle Zutaten sollten die gleiche Temperatur haben (Margarine und Kaffee-Mehl-Mischung), ansonsten könnte die Creme ausflocken.

**4** Weiche Margarine, den Zucker und den Bourbon-Vanillezucker mit einem Handmixer sehr gut verrühren. Espressopulver und eine Prise Zimt dazumixen. Dann die ausgekühlte Kaffeemischung unterheben und auf hoher Stufe sehr gut vermixen. Kurz kühlen stellen, in einen Spritzbeutel füllen und eine kleine Portion Creme auf jeden Cupcake dressieren.

# KOKOS-CUPCAKES
## (12 STÜCK)

*Für alle Kokosfreunde unter euch ... entweder mit einer süßen Kokosglasur oder Schokoguss!*

## ZUTATEN:

### FÜR DEN TEIG:
200 g Mehl
80 g Kokosflocken
120 g Zucker
1 Pkg. Bourbon-Vanillezucker
1/2 TL Salz
1 1/2 TL Backpulver
1/4 TL Natron
50 ml Öl
200 ml Kokosmilch
1 EL Essig

### FÜR DIE GLASUR:
80 g Staubzucker (Puderzucker)
2 1/2 EL Kokosmilch
20 g Kokosflocken
frische Beeren (optional)

### VARIANTE SCHOKOGUSS:
100 g vegane Zartbitter-Schokolade (mind. 50 % Kakao)
5–6 TL Kokosmilch
mehr Kokosflocken

## ZUBEREITUNG:

**1** Ofen auf 180 °C vorheizen. Muffinform mit Papierförmchen auslegen.

**2** Für den Teig Mehl, Kokosflocken, Zucker, Bourbon-Vanillezucker, Salz, Backpulver und Natron in einer Schüssel miteinander vermischen. Öl, Kokosmilch und Essig hinzufügen und zu einem glatten Teig verrühren. Gleichmäßig auf die Förmchen aufteilen und bei 180 °C etwa 16–18 Minuten backen (oder so lange, bis ein Zahnstocher, in die Mitte des Cupcakes gestochen, sauber wieder herauskommt).

**3** Für die Glasur alle Zutaten miteinander verrühren und dünn auf die Cupcakes auftragen und nach Belieben mit einer frischen Beere dekorieren.

### Variante Schokoguss:
Schokolade mit der Kokosmilch in einem Topf sehr vorsichtig schmelzen (Achtung, Schokolade brennt leicht an, darum wirklich wenig Hitze verwenden) und rühren, bis die Schokolade eine streichbare Konsistenz hat (eventuell etwas mehr Kokosmilch hinzugeben). Cupcakes damit bestreichen, dabei einen kleinen Rand lassen und gleich mit Kokosflocken bestreuen.

# BRUNCH

Was gibt es Besseres als auszuschlafen und sich dann bei einem verspäteten Frühstück so richtig vollzuessen? Wenn euch dieser Gedanke gefällt, dann seid ihr soeben Fans des Brunches geworden. Um eure Gäste so besonders zu verwöhnen, sind in diesem Kapitel meine besten süßen Brunch-Rezepte versammelt. Ladet an einem Wochenende eure Freunde und Freundinnen ein und beeindruckt sie mit Zimt-Zupf-Brot, frischen Waffeln, Cranberry Scones oder Karotten-Halwa. Dazu serviert ihr frisch gepresste Säfte, endlos Kaffee mit Sojamilchschaum und vielleicht ein Gläschen Prosecco.

# SCONES MIT CRANBERRYS
## (8 STÜCK)

### ZUTATEN:

120 ml Sojamilch
1 EL Essig
250 g Mehl
60 g Zucker
1 Pkg. Bourbon-Vanillezucker
1 TL Backpulver
1/2 TL Natron
1/2 TL Salz
100 g pflanzliche Margarine, kalt
100 g getrocknete Cranberrys
1 EL Sojamilch
1 EL (brauner) Zucker

### ZUBEREITUNG:

**1** Ofen auf 200 °C vorheizen. Ein Backblech mit Backpapier auslegen.

**2** Die Sojamilch mit dem Essig mischen und beiseitestellen. Mehl, Zucker, Bourbon-Vanillezucker, Backpulver, Natron und Salz in einer Schüssel vermischen. Die Margarine in kleine Stücke schneiden und hinzufügen. Mit den Händen alles zu einem krümeligen Teig verkneten. Sojamilch-Essig-Mischung hinzufügen und zu einem Teig verrühren (sollte der Teig zu trocken sein, noch 1–2 EL Sojamilch hinzugeben). Die Cranberrys unterheben.

**3** Die Arbeitsfläche mit Mehl bestreuen, den Teig dort einige Male durchkneten. Dann zu einem Kreis formen (etwa 2–3 cm dick) und in 8 Stücke (Tortenecken) schneiden. Mit genug Abstand auf das Backblech legen, mit 1 EL Sojamilch bestreichen und mit 1 EL Zucker bestreuen. Bei 200 °C etwa 12–14 Minuten backen (oder so lange, bis ein Zahnstocher, in die Mitte des Scones gestochen, sauber wieder herauskommt). Wer mag, serviert sie mit etwas Margarine und Marmelade.

Buttrig, weich und krümelig ...
perfekt für das Sonntagsfrühstück!
Anstatt Cranberrys kann man auch
Rosinen, Nüsse, oder Schokotropfen
verwenden. Wie so vieles im Leben
schmecken sie am besten, wenn
sie ganz frisch sind.

# RUM-ROSINEN-MUFFINS
## (12 STÜCK)

*Sicher nichts für den Kindertisch, aber für einen entspannten Brunch genau das Richtige.*

## ZUTATEN:

150 g Rosinen
6 EL Rum
250 ml Sojamilch
1 EL Essig
250 g Mehl
100 g brauner Zucker
2 Pkg. Bourbon-Vanillezucker
1/4 TL Salz
3 TL Backpulver
3 EL Sojajoghurt, natur
80 ml Öl

### FÜR DIE GLASUR:
3 –4 EL Rum
100 g gesiebter Staubzucker
(Puderzucker)

## ZUBEREITUNG:

**1** Die Rosinen mit dem Rum vermischen und etwa drei Stunden ziehen lassen.

**2** Ofen auf 180 °C vorheizen. Muffinform mit Papierförmchen auslegen.

**3** Die Sojamilch mit dem Essig vermischen und kurz stehen lassen. Mehl, Zucker, Bourbon-Vanillezucker, Salz und Backpulver vermischen, dann Sojamilch, Sojajoghurt und Öl hinzugeben und zu einem glatten Teig rühren. Rosinen samt Rum unterheben. Teig gleichmäßig auf die Förmchen aufteilen und bei 180 °C etwa 13–15 Minuten backen.

**4** Für die Glasur den Staubzucker sieben und mit dem Rum vermischen, bis eine Zuckerglasur entsteht. Auf die ausgekühlten Muffins streichen oder träufeln und servieren.

# MÜSLI-MUFFINS
## (8–10 STÜCK)

*Herzhaft, köstlich und richtig gesund: Dieser Start in den Tag schmeckt besonders gut mit etwas Erdnussbutter!*

## ZUTATEN:

150 g Dinkelmehl
50 g gemahlene Haselnüsse
80 g brauner Zucker
1 TL Natron
1/4 TL Backpulver
1/2 TL Salz
80 g Haferflocken
1/2 TL Zimt
100 ml Sojamilch
2 EL Ahornsirup
1 sehr reife Banane
1/2 TL Marmelade pro Muffin

## ZUBEREITUNG:

**1** Ofen auf 180 °C vorheizen. Muffin-Form mit Papierförmchen auslegen.

**2** Mehl, Haselnüsse, Zucker, Natron, Backpulver, Salz, Haferflocken und Zimt in einer großen Schüssel vermischen. Die Banane mit einer Gabel sehr fein stampfen. Gemeinsam mit Sojamilch und Ahornsirup zu den trockenen Zutaten geben und einen glatten Teig daraus rühren, nur so lange, bis die Zutaten vermischt sind. Gleichmäßig auf die Muffinform aufteilen. 1/2 TL Marmelade in die Mitte von jedem Muffin setzen. Bei 180 °C etwa 14–15 Minuten backen (oder so lange, bis ein Zahnstocher, in den Muffin gestochen, sauber wieder herauskommt).

# BANANA BREAD

## ZUTATEN:

50 ml Sojamilch
1 TL Essig
230 g Mehl
1 TL Natron
1/2 TL Backpulver
1 TL Zimt
1/2 TL Salz
80 g weißer Zucker
20 g brauner Zucker
2 Pkg. Bourbon-Vanillezucker
300 g Bananen, fein gestampft
100 ml Öl
80 g Walnüsse

## ZUBEREITUNG:

**1** Eine Brotbackform (30 cm) mit Backpapier auslegen und an den Seiten einfetten. Ofen auf 180 °C vorheizen.

**2** Sojamilch mit Essig vermischen und beiseitestellen. In einer großen Schüssel Mehl, Natron, Backpulver, Zimt und Salz vermischen. In einer anderen Schüssel Bananenpüree mit Zucker, Bourbon-Vanillezucker und Öl verrühren. Mit der Sojamilch-Essig-Mischung zu der Mehlmischung geben und zu einem glatten Teig vermischen. Die Walnüsse unterheben.

**3** Den Teig in die Form füllen und bei 180 °C 33–40 Minuten backen (oder so lange, bis ein Zahnstocher, in die Mitte des Teiges gestochen, sauber wieder herauskommt).

Die perfekte Verwertung für zu
reife Bananen. Die Menge an
Bananen entspricht ungefähr
3 großen reifen Bananen.
Schmeckt am besten mit selbstgemachter
Marmelade oder Erdnusbutter!

# MÜSLI-AUFLAUF MIT FRÜCHTEN UND SCHOKOLADE (5–6 PORTIONEN)

*Dieses Frühstück schmeckt sicher auch denjenigen, die als Kind mit Haferschleim gequält wurden – Haferflocken sind nämlich wirklich köstlich, besonders in der Kombination mit Schokolade und frischen Früchten.*

## ZUTATEN:

150 g Haferflocken
200 g Erdbeeren, gewaschen
und in kleinen Stücken
1 TL Backpulver
1 TL Zimt
1 Prise Muskat
1/4 TL Salz
50 g brauner Zucker
1 Pkg. Bourbon-Vanillezucker
40 g vegane Zartbitter-
Schokotropfen (mind. 50 %
Kakao) oder gehackte Zartbitter-
Schokolade
40 g pflanzliche Margarine,
geschmolzen
400 ml Sojamilch
1 Banane, in Scheiben

## ZUBEREITUNG:

**1** Eine ofenfeste, eckige Form (ca. 25 x 15 cm) einfetten. Ofen auf 180 °C vorheizen.

**2** Haferflocken, Erdbeeren, Backpulver, Zimt, Muskat, Salz, Zucker, Bourbon-Vanillezucker und Schokotropfen in einer großen Schüssel gut miteinander verrühren. Geschmolzene Margarine und Sojamilch hinzugeben und sehr gut vermischen.

**3** Die Masse in die Form füllen und mit den Bananen-scheiben belegen. 35–40 Minuten bei 180 °C backen, dann etwa eine halbe Stunde abkühlen, bis der Auflauf etwas fester geworden ist. Noch warm in Stücken servie-ren, mit frischen Früchten dekorieren.

# VANILLA FRENCH TOAST
## (3–4 PORTIONEN)

*Ich liebe French Toast – ein herrliches Frühstück an einem gemütlichen Wochenende. Meine Version ist auch sehr einfach zuzubereiten. Anstatt einfachem Sojajoghurt (natur) könnt ihr auch Sojajoghurt mit Vanillegeschmack verwenden.*

### ZUTATEN:

6–8 Scheiben Toast
125 ml Sojamilch
150 g Sojajoghurt, natur
1 Vanilleschote,
Mark ausgekratzt
30 g brauner Zucker
Öl

### ZUBEREITUNG:

**1** Den Toast kurz antoasten. Das Mark der Vanilleschote in einer Schüssel mit Sojamilch, Sojajoghurt und Zucker gut verrühren.

**2** Etwas Öl in einer beschichteten Pfanne erhitzen (etwa 1 EL Öl pro zwei Scheiben). Eine Scheibe Toast in der Schüssel etwa zweimal wenden (damit jede Seite zweimal durch die Flüssigkeit gezogen wird) und dann in die Pfanne legen. Die Pfanne mit Deckel bedecken und den Toast pro Seite etwa 4–5 Minuten auf mittlerer Hitze braten, bis er goldbraun geworden ist. Noch warm mit frischen Früchten wie Mango oder Banane und Staubzucker oder Ahornsirup servieren.

# PEANUT BUTTER PANCAKES
## (3–4 PORTIONEN)

## ZUTATEN:

4 EL Mandelsplitter
270 ml Sojamilch
1 TL Essig
150 g Mehl
2 1/2 TL Backpulver
1 Pkg. Bourbon-Vanillezucker
3 EL brauner Zucker
1/4 TL Salz
150 g Erdnussbutter
Etwas Öl zum Braten

## ZUM ANRICHTEN:
Agaven- oder Ahornsirup

## ZUBEREITUNG:

**1** Eine Pfanne erhitzen (ohne Öl). Die Mandelsplitter hineingeben und rösten, bis sie goldgelb sind. Aus der Pfanne nehmen.

**2** Sojamilch mit Essig vermischen und kurz beiseitestellen. Mehl, Backpulver, Zucker und Bourbon-Vanillezucker und Salz gut vermischen. Die Erdnussbutter leicht erwärmen (z. B. in der Mikrowelle) und dann unter die Sojamilch mischen und gut verrühren. Die Milch zum Mehl hinzugeben und zu einem glatten Teig verrühren.

**3** Eine beschichtete Pfanne auf niedriger bis mittlerer Hitze mit wenig (oder gar keinem) Öl erhitzen. Eine Schöpfkelle des Teigs in die Pfanne geben und einen Deckel daraufgeben. Der Pancake sollte gewendet werden, wenn der Rand fest aussieht, er aber in der Mitte noch dickflüssig ist. Kurz auf der anderen Seite braten, dann auf einen Teller setzen und mit dem restlichen Teig weitermachen.

**4** Die Pancakes mit den gerösteten Mandeln bestreuen, Sirup daraufgeben und servieren.

Eine ordentliche Portion Erdnussbutter macht diese Pancakes zu einer besonderen Leckerei. Wer mag, serviert sie mit Bananen und denkt dabei an Elvis Presley, der Erdnussbutter liebte.

# BEEREN-MILCHREIS
## (4 PORTIONEN)

*Wer liebt Milchreis nicht? Mit frischen Beeren macht Milchreis auch zum Brunch eine tolle Figur.*

### ZUTATEN:

#### FÜR DIE BEEREN:
300 g frische, gemischte Beeren
(z. B. Heidelbeeren, Himbeeren)
2 Pkg. Bourbon-Vanillezucker
100 ml Wasser
2 TL Zitronensaft
20 g brauner Zucker
10 g Maisstärke
3 EL Wasser

#### FÜR DEN REIS:
120 g Milch- oder Risottoreis
600 ml Sojamilch
1 Pkg. Bourbon-Vanillezucker
1 Prise Salz
1 EL brauner Zucker
1/4 TL Zimt
4 EL gehobelte Mandeln

### ZUBEREITUNG:

**1** Beeren, Bourbon-Vanillezucker, Wasser, Zitronensaft und braunen Zucker in einem Topf zum Köcheln bringen, bis die Beeren weich sind. Maisstärke mit 3 EL Wasser verrühren und zu den Beeren geben. Köcheln lassen, bis die Sauce eingedickt ist, dann etwas abkühlen lassen.

**2** Reis mit Sojamilch, Bourbon-Vanillezucker, Zucker, Zimt und Salz zum Kochen bringen und unter regelmäßigem Rühren köcheln lassen, bis der Reis weich ist, aber die Masse noch cremig ist. Die Mandeln in einer Pfanne ohne Fett auf mittlerer Hitze rösten, bis sie braun sind.

**3** Zum Servieren einen Teil des Reises auf vier Schüsseln aufteilen (etwa 2 EL pro Schüssel), dann Sauce darübergießen (etwa 4–5 EL), anschließend den restlichen Reis darübergeben und die Mandeln darüberstreuen. Noch warm mit der restlichen Sauce servieren.

# ZIMT-ZUPFBROT

*Weiches Hefebrot mit Zimt und Zucker ... ganz ehrlich, es gibt kaum etwas Besseres. Für das „Zupf-Muster" braucht ihr etwas Geduld, das lohnt sich aber wirklich. Eure Gäste werden begeistert sein, falls ihr es über euch bringt, das köstliche Brot überhaupt zu teilen.*

## ZUTATEN:

200 ml Sojamilch
1 TL Essig
70 g Zucker
80 g pflanzliche Margarine, geschmolzen
400 g Mehl
1 TL Salz
1 Pkg. Trockenhefe

## ZUM BESTREUEN:

60 g pflanzliche Margarine, weich
100 g brauner Zucker
3 TL Zimt

## ZUBEREITUNG:

**1** Ofen auf 180 °C vorheizen. Eine Brotbackform (30 cm) mit Backpapier auslegen und an den Seiten einfetten.

**2** Sojamilch und Essig vermischen und kurz beiseitestellen. Die geschmolzene Margarine mit dem Zucker zur Sojamilch geben und gut verrühren. Wenn die Mischung lauwarm ist, die Trockenhefe einrühren und einige Minuten stehen lassen. Mehl und Salz gut vermischen, dann die flüssigen Zutaten dazugeben und zu einem Teig verkneten (wenn er zu trocken ist, etwas Sojamilch dazugeben, wenn er zu feucht ist, etwas Mehl dazugeben). Etwa 5 Minuten kneten, bis der Teig seidig-glänzend und wenig klebrig ist. In eine Schüssel geben, mit einem feuchten Tuch abdecken und an einem warmen Ort etwa 1 1/2 Stunden ruhen lassen.

**3** Dann den Teig durchkneten und auf einer sauberen, gemehlten Fläche zu einem etwa 50 x 30 cm großem Rechteck ausrollen. Mit der Margarine bestreichen, Zucker und Zimt miteinander vermischen und gleichmäßig darauf verteilen. Dann den Teig der Breite nach in 6 etwa gleich große Streifen schneiden. Diese Streifen aufeinander legen und in wiederum 6 Rechtecke schneiden. Diese Stücke hochkant (die Zimt-Seite schaut jetzt zum kurzen Ende der Brotbackform) in eine mit Backpapier und an den Seiten eingefettete Brotbackform schichten. An einem warmen Ort erneut etwa 30 Minuten aufgehen lassen und anschließend etwa 38–48 Minuten bei 180 °C backen.

# KAROTTEN-HALWA
## (4 PORTIONEN)

**ZUTATEN:**

70 g Grieß
50 g Mandelsplitter
1 + 1 EL pflanzliche Margarine
100 g geriebene Karotten
(Möhren)
1 EL + 20 g brauner Zucker
220 ml Sojamilch
3/4 TL gemahlener Kardamom
Mandelsplitter
Zucker

**ZUBEREITUNG:**

**1** Eine beschichtete Pfanne erhitzen. 1 EL Margarine hinzufügen, schmelzen lassen und den Grieß einrühren. Die Mandeln unterrühren und bei mittlerer Hitze rösten, bis der Grieß goldbraun ist (etwa 15 Minuten). Vom Herd nehmen und beiseitestellen.

**2** In einem Topf die Karotten mit 1 EL Margarine und 1 EL Zucker erhitzen und bei mittlerer Hitze dünsten, bis die Karotten weich sind (etwa 15 Minuten). Dann den Grieß und Mandeln hinzufügen, Sojamilch und Zucker untermischen und köcheln lassen, bis eine breiige Konsistenz erreicht ist. Kardamom hineinrühren und das Halwa warm servieren, bestreut mit mehr Mandeln und etwas Zucker.

Exotisch, aromatisch und einfach
köstlich: Ein indisches Dessert aus
Grieß, das eure Gäste zum Brunch
sicher beeindrucken wird.

# WELTBESTE WAFFELN
## (3–4 PORTIONEN)

*Manche Menschen benutzen ihr Waffeleisen nie ... das ist zu schade, denn Waffeln sind schnell zuzubereiten, schmecken super und lassen sich übrigens für ein schnelles Frühstück auch gut einfrieren und im Toaster auftauen.*

### ZUTATEN:

150 g Mehl
2 TL Backpulver
60 g Sojajoghurt, natur
1/4 TL Salz
30 g Zucker
1 Pkg. Bourbon-Vanillezucker
3–4 EL Öl
230 ml Sojamilch

### ZUBEREITUNG:

**1** Mehl, Backpulver, Salz, Zucker und Bourbon-Vanillezucker vermischen, dann mit Öl, Sojajoghurt und Sojamilch zu einem glatten Teig verrühren und etwa 3 Minuten ruhen lassen.

**2** Waffeleisen auf mittlerer bis hoher Hitze vorheizen, einfetten und die Waffeln portionsweise (am besten mit einer Schöpfkelle) verarbeiten. Wenn wenig Dampf von den Waffeln aufsteigt, sind sie fertig.

# NEKTARINEN-HEIDELBEER-CRISP (5–6 PORTIONEN)

*Dieser süße Fruchtauflauf schreit geradezu nach Sommer und schmeckt besonders gut, wenn ihr ihn mit etwas Vanille-Sojajoghurt oder auch Soja-Vanilleeis serviert.*

## ZUTATEN:

### FÜR DAS TOPPING:
70 g Mehl
60 g Haferflocken
80 g brauner Zucker
1/2 TL Zimt
1 großzügige Prise Kardamom
1 großzügige Prise Muskat
80 g pflanzliche Margarine,
geschmolzen (oder 4 EL Öl)

### FÜR DEN AUFLAUF:
800 g Nektarinen
100 g Heidelbeeren
40 g brauner Zucker
20 g Maisstärke

## ZUBEREITUNG:

**1** Ofen auf 180 °C vorheizen. Eine ofenfeste, rechteckige Glasform (z. B. für Lasagne) gut einfetten (ca. 25 x 15 cm).

**2** Für das Topping Mehl, Haferflocken, Zucker, Zimt, Kardamom und Muskat gut vermischen. Die geschmolzene Margarine dazugeben und gut verrühren, das Topping sollte krümelig sein.

**3** Nektarinen entkernen und in feine Spalten schneiden. Mit den Heidelbeeren, Zucker und Maisstärke sehr gut vermischen, dann in die Form füllen. Das Topping mit den Händen darüberstreuen und bei 180 °C etwa 40 Minuten backen, dann vor dem Servieren etwa 45 Minuten auskühlen lassen. Warm mit etwas veganem Eis oder Vanille-Sojajoghurt servieren.

# BAKING FOR THE HOLIDAYS

Ich liebe Weihnachten. Und damit meine ich nicht, dass ich Weihnachten ganz okay finde: Ich bin eine Fanatikerin. Ich gehöre zu den Menschen, die das ganze Jahr über Weihnachtsmusik hören könnten. Der Besuch im weltgrößten Weihnachtsshop in den USA ist eine meiner schönsten Erinnerungen. Mich freut es, wenn im August Lebkuchen und Nikoläuse in den Geschäften auftauchen. Ja, das ist etwas eigenartig, und nein, ihr müsst meine Meinung nicht teilen. Aber dafür habe ich in diesem Kapitel für euch einige meiner besten Weihnachtsrezepte zusammengestellt: von Keksen, die ich seit Kindertagen mit meiner Mama backe, über den tollen Pumpkin Pie, den wir bei amerikanischen Freunden gegessen haben, hin zu Ideen für wunderbare Desserts zu den weihnachtlichen Feiertagen. Hohoho!

# VANILLEKIPFERL
## (ETWA 50 STÜCK)

## ZUTATEN:

1 EL gemahlene Leinsamen
3 EL Wasser
220 g pflanzliche Margarine,
weich
80 g Staubzucker (Puderzucker)
260 g Mehl
20 g gemahlene Mandeln
2 Pkg. Bourbon-Vanillezucker
2 Vanilleschoten,
Mark ausgekratzt

### ZUM BESTREUEN:
Staubzucker (Puderzucker)
vermischt mit Bourbon-Vanillezucker

## ZUBEREITUNG:

**1** Gemahlene Leinsamen und Wasser in einer kleinen Schüssel sehr gut vermischen und beiseitestellen. Staubzucker, Mehl, Mandeln und Bourbon-Vanillezucker miteinander vermischen und dann mit Mark der Vanilleschoten, Margarine und Leinsamen zu einem glatten Teig verkneten. Den Teig in den Kühlschrank stellen und mindestens eine halbe Stunde ruhen lassen.

**2** Ofen auf 180 °C vorheizen. Ein Backblech mit Backpapier auslegen.

**3** Dann den Teig in kleinere Portionen aufteilen und daraus längere dicke, runde Stränge rollen. Diese werden dann wieder in kleine Stücke geteilt, vielleicht noch etwas zurechtgerollt (geht am besten zwischen den Händen) und in die klassische Kipferl-Form (= Halbmond) gebracht. Auf das Backblech legen und bei 180 °C etwa 8–10 Minuten backen, bis sie leicht gebräunt sind.

**4** Herausnehmen und vorsichtig auf ein weiteres großes Blech (oder ein Tablett) legen, das mit dem zusätzlichen Staubzucker und Bourbon-Vanillezucker dick bestreut wurde. Nach dem Abkühlen eventuell mit zusätzlichem Zucker bestreuen und in einer Keksdose verstauen.

Vanillekipferl – weihnachtlicher geht es wohl nicht mehr. Am besten schmecken die Kipferl mit viel echter Bourbon-Vanille.

# CHRISTMAS GRANOLA

## ZUTATEN:

300 g Haferflocken
70 g gehobelte Mandeln
50 g Kokoschips
(oder Kokosflocken)
2 TL Zimt
1/2 TL gemahlener Ingwer
30 g gemahlene Leinsamen
50 ml Öl
70 ml Ahornsirup
(oder Agavensirup)
60 g getrocknete Apfelringe

## ZUBEREITUNG:

**1** Ofen auf 180 °C vorheizen.

**2** Haferflocken, gehobelte Mandeln, Kokoschips, Zimt, Ingwer, Leinsamen, Öl und Ahornsirup vermischen. In eine ofenfeste Auflaufform füllen und bei 180 °C etwa 25–30 Minuten rösten, dabei 2- bis 3-mal umrühren, bis das Müsli eine goldgelbe Farbe hat. Aus dem Ofen nehmen und etwas abkühlen lassen.

**3** In der Zwischenzeit die Apfelringe in kleine Stücke schneiden und dann unter das Müsli mischen. Komplett auskühlen lassen und in ein luftdichtes Gefäß füllen.

Dieses knusprige Müsli ist ein herrliches Frühstück in der Weihnachtszeit. Außerdem eignet es sich als wunderbares Geschenk für eure Liebsten, wenn ihr es in hübsche luftdichte Gläser abfüllt. Das Müsli kann nach Belieben variiert oder ergänzt werden, zum Beispiel mit Sesamsamen oder Kürbiskernen.

# LINZERAUGEN
## (35–40 STÜCK)

*Linzeraugen sind meine liebsten Weihnachtskekse. Dieses Rezept meiner Mama gelingt besonders weich und saftig.*

## ZUTATEN:

3 EL gemahlene Leinsamen
9 EL Wasser
450 g Mehl
150 g Staubzucker (Puderzucker)
1 Pkg. Bourbon-Vanillezucker
150 g gemahlene Mandeln
1 Prise Salz
2 EL Sojamilch
300 g pflanzliche Margarine, weich

### ZUSÄTZLICH:
Marillen-Marmelade, ohne Stückchen
Staubzucker (Puderzucker)

## ZUBEREITUNG:

**1** Gemahlene Leinsamen und Wasser in einer kleinen Schüssel sehr gut vermischen und beiseitestellen. Mehl, Zucker, Bourbon-Vanillezucker, Mandeln und Salz gut vermischen. Mit Margarine, Sojamilch und Leinsamen-Mischung zu einem glatten Teig kneten.

**2** In den Kühlschrank stellen und mindestens eine halbe Stunde ruhen lassen (etwas länger ist noch besser). Ofen auf 180 °C vorheizen. Ein Backblech mit Backpapier auslegen.

**3** Dann den Teig in zwei Portionen teilen. Den einen Teil auf einer reichlich bemehlten Fläche ausrollen (funktioniert am besten, wenn man Backpapier auf den Teig legt, da bleibt nichts kleben). Kreise ausstechen und dann in die eine Hälfte der Kreise drei Löcher hineinstechen (das werden die Oberteile). Das Ganze mit dem anderen Teil des Teigs wiederholen.

**4** Die Kekse, wenn sie ausgestochen sind, auf das Backblech legen und bei 180 °C etwa 8–10 Minuten backen, bis sie leicht gebräunt sind. Dann kurz auskühlen lassen, währenddessen die Marillen-Marmelade in einem Topf heiß (und damit flüssig) werden lassen.

**5** Mit einem Löffel jeweils den unteren Teil des Kekses mit Marmelade bestreichen (d. h. den Teil ohne Löcher). Den Teil mit dem Loch daraufsetzen, auf ein kaltes Blech oder auch ein Tablett setzen und noch Staubzucker draufstreuen. Wenn sie ganz ausgekühlt sind, in einer Keksdose aufbewahren.

# PALMIERS (SCHWEINEÖHRCHEN) (35–40 STÜCK)

*Palmiers sind unglaublich schnell gemacht und schinden trotzdem Eindruck – gerade richtig für einen Kaffeeklatsch im Advent!*

## ZUTATEN:

1 Pkg. veganer Blätterteig
(ca. 270 g)
1 EL pflanzliche Margarine,
geschmolzen (oder Öl)
70 g Zucker
1 TL Zimt
1/4 TL Kardamom, gemahlen

## ZUBEREITUNG:

**1** Ofen auf 180 °C vorheizen. Ein Backblech mit Backpapier auslegen.

**2** Den Blätterteig ausrollen und mit der geschmolzenen Margarine bestreichen. Zucker, Zimt und Kardamom vermischen und den Teig gleichmäßig damit bestreuen. Von beiden Längsseiten her bis zur Mitte aufrollen, so dass zwei „Ohren" entstehen. In Klarsichtfolie wickeln, eng zusammenpressen und etwa 30 Minuten kühlen. Dann in etwa 2 cm große Stücke schneiden.

**3** Ofen auf 180 °C vorheizen. Die Palmiers mit der Schnittseite nach oben auf das Blech legen und bei 180 °C etwa 15–20 Minuten backen, bis die Palmiers goldbraun sind.

# REAL AMERICAN PUMPKIN PIE

## ZUTATEN:

200 g vegane Kekse
60 g pflanzliche Margarine,
geschmolzen
430 g Kürbispüree
(aus gedämpftem oder
gekochtem Kürbis, frisch püriert)
1/2 TL gemahlener Ingwer
1 TL Zimt
1/4 TL gemahlene Nelken
1 Vanilleschote, Mark
ausgekratzt
1/4 TL Salz
250 ml Soja oder Hafer Cuisine
100 g brauner Zucker
50 g weißer Zucker
2 Pkg. Vanille-Puddingpulver
(für je 500 ml Flüssigkeit)

### ZUM SERVIEREN:

Vegane Schlagsahne oder
veganes Eis

## ZUBEREITUNG:

**1** Ofen auf 210 °C vorheizen. Eine Springform (24 cm) sehr gut einfetten.

**2** Die Kekse in einem Mixer fein pürieren, dann mit der geschmolzenen Margarine verkneten und in die Form als Boden mit den Fingern fest hineinpressen, dabei auch einen etwa 1 cm hohen Rand ziehen.

**3** Die restlichen Zutaten mit einem Stabmixer oder in einer Küchenmaschine pürieren, bis eine Creme entstanden ist. Die Füllung in die vorbereitete Form füllen und glatt streichen. 10 Minuten auf 200 °C backen, dann die Hitze auf 180 °C reduzieren und etwa 30–35 Minuten backen, bis die Masse halbwegs fest ist. Aus dem Ofen nehmen, mit einem Messer die Kruste leicht von der Form lösen und vor dem Servieren komplett auskühlen lassen. Mit einem Klacks veganer Schlagsahne oder veganem Vanille-Eis servieren.

Der amerikanische Klassiker nach einem Rezept meiner lieben Freundin Brenda. Am besten eignet sich Butternuss- oder Hokkaido-Kürbis dafür, den man schält und dann am besten weich dämpft oder kocht. Wer die Konsistenz etwas weicher mag, nimmt nur 1-1 1/2 Packungen Puddingpulver.

# WEIHNACHTLICHE TOFUGOLATSCHEN (6 STÜCK)

*Die Füllung schmeckt nach Topfen, und die Gewürze hauchen den Taschen etwas vorweihnachtliches Aroma ein.*

## ZUTATEN:

100 g Tofu, natur
50 g Sojajoghurt mit Vanillegeschmack
1 Pkg. Bourbon-Vanillezucker
10 g brauner Zucker
2–2 1/2 TL Zitronensaft
10 g Maisstärke
1/4 TL Zimt
1/8 TL gemahlener Kardamom
1 TL Rum (optional)
1 Pkg. veganer Blätterteig (ca. 270 g)

### FÜR DIE GLASUR:
70 g gesiebter Staubzucker (Puderzucker)
1/4 TL Zimt
1/8 TL gemahlener Kardamom
1–2 EL Sojamilch

## ZUBEREITUNG:

**1** Ofen auf 180 °C vorheizen. Ein Backblech mit Backpapier auslegen.

**2** Für die Füllung den Tofu, Sojajoghurt, Zucker, Bourbon-Vanillezucker, Zitronensaft, Maisstärke, Zimt, Kardamom und Rum glatt pürieren. Den Blätterteig in 6 Rechtecke schneiden, die Füllung gleichmäßig in die Mitte des Blätterteigs aufteilen und die Ecken der Rechtecke zusammenklappen, so dass Taschen entstehen. Bei 180 °C etwa 18–20 Minuten backen, bis die Taschen goldbraun sind. Auskühlen lassen und die Glasur zubereiten:

**3** Staubzucker mit Zimt, Kardomom und Sojamilch vermischen, bis eine Glasur entstanden ist. Gleichmäßig auf die Tofugolatschen aufteilen, etwas trocknen lassen und servieren.

# CHOCO LOCO PIE

*Eine Neu-Interpretation des veganen Dessert-Klassikers: Schokoladenmousse aus Seidentofu. Dieses hier ist erwachsen geworden und macht als elegantes Dessert eine gute Figur. Als Nachtisch am Weihnachtsabend werdet ihr damit selbst Oma beeindrucken.*

## ZUTATEN:

200 g vegane Kekse
(vorzugsweise Schokolade)
60 g pflanzliche Margarine,
geschmolzen
400 g Seidentofu
100 ml Soja oder Hafer Cuisine
2 Pkg. Bourbon-Vanillezucker
1 EL Rum
250 g vegane Zartbitter-
Schokolade (mind. 50 % Kakao)

## ZUBEREITUNG:

*1* Ofen auf 180 °C vorheizen. Eine Springform (24 cm) sehr gut einfetten.

*2* Die Kekse in einem Mixer fein pürieren, dann mit der geschmolzenen Margarine verkneten und in die Form als Boden mit den Fingern fest hineinpressen, dabei auch einen etwa 1 cm hohen Rand ziehen. Im Ofen etwa 10–15 Minuten backen, bis die Kruste etwas fester geworden und an den Rändern leicht gebräunt ist.

*3* Den Seidentofu in einem Mixer glatt pürieren. Die anderen Zutaten (bis auf die Schokolade) hinzugeben und gut pürieren. Die Schokolade auf niedriger Hitze vorsichtig schmelzen (Achtung, Schokolade brennt leicht an, darum wenig Hitze verwenden). Zu den anderen Zutaten geben und gut pürieren, bis alles sehr gut vermischt ist. Die Masse in die vorbereitete Form füllen und glatt streichen. In den Kühlschrank stellen und mindestens drei Stunden fest werden lassen, am besten über Nacht.

# GINGERBREAD COOKIES
## (12 STÜCK)

### ZUTATEN:

1 EL gemahlene Leinsamen
3 EL Wasser
80 g pflanzliche Margarine, weich
80 g brauner Zucker
150 g Mehl
1/2 TL Natron
1/4 TL Salz
1 TL gemahlener Ingwer
1/2 TL Zimt
1/4 TL gemahlene Nelken
etwas brauner Zucker

### ZUBEREITUNG:

**1** Ofen auf 180 °C vorheizen. Ein Backblech mit Backpapier auslegen.

**2** Leinsamen mit dem Wasser gut verrühren und beiseitestellen. Margarine und Zucker mit einem Handmixer sehr gut verrühren, dann die Leinsamen-Mischung dazugeben und erneut gut verrühren.

**3** In einer zweiten Schüssel Mehl, Natron, Salz, Ingwer, Zimt und Nelken verrühren und zu dem Margarine-Gemisch geben. Daraus einen glatten Teig kneten. Den Teig teelöffelweise zu einer Kugel formen, in braunem Zucker wälzen und auf das Blech setzen. Bei 180 °C etwa 10–12 Minuten backen, kurz am Blech auskühlen lassen und dann auf ein Gitter zum Auskühlen setzen.

Außen knusprig, innen saftig und
voll mit weihnachtlichen Gewürzen ...
aber ganz ehrlich, sie sind viel zu schade,
um sie nur im Advent zu essen.

# AMISH DATE & NUT PUDDING

## ZUTATEN:

250 ml Wasser, kochend
200 g entkernte Datteln,
in kleinen Stücken
1 TL Natron
200 g Mehl
100 g brauner Zucker
1/2 TL Salz
1 TL Zimt
1/4 TL gemahlener Ingwer
70 g gehackte Cashews
3 EL Öl
optional: 2–3 EL Rum
optional: vegane Schlagsahne
oder veganer Vanillepudding

## ZUBEREITUNG:

**1** Ofen auf 180 °C vorheizen. Springform (24 cm) mit Backpapier auslegen und an den Seiten einfetten.

**2** Datteln mit heißem Wasser übergießen, Natron unterrühren und 5 Minuten ziehen lassen. Cashews in einer Pfanne anrösten, bis sie gebräunt sind. Mehl, Zucker, Salz, Zimt und Ingwer vermischen, Cashews unterrühren, dann Öl, Rum und die Datteln mit dem Wasser hinzufügen. Zu einem glatten Teig verrühren und in die Form streichen.

**3** Bei 180 °C etwa 20–25 Minuten backen (oder so lange, bis ein Zahnstocher, in die Mitte gestochen, sauber wieder herauskommt). Noch warm mit Staubzucker oder reichlich veganer Sahne oder Vanillepudding servieren.

> Diesen Kuchen habe ich bei den Amish in Ohio gegessen, die für ihre Desserts berühmt sind. Er schmeckt am besten, wenn er warm mit viel veganer Sahne serviert wird, aber auch pur ist er köstlich. Datteln, Nüsse und Zimt machen den Kuchen zu einer wunderbar weihnachtlichen Nachspeise.

# DOMINOSTEIN-TORTE

## ZUTATEN FÜR DEN TEIG:

200 g Mehl
150 g gemahlene Haselnüsse
100 g Zucker
50 g brauner Zucker
2 Pkg. Bourbon-Vanillezucker
20 g Kakaopulver
1 TL Natron
1/2 TL Backpulver
1 TL Zimt
1/2 TL gemahlener Ingwer
1/2 TL gemahlene Nelken
1/2 TL Salz
100 ml Öl
2 EL Essig
270 ml Wasser

## FÜR DIE FÜLLUNG:

ca. 250 g Äpfel, gewürfelt und
geschält (nach dem Schälen
gewogen, etwa 2 mittlere Äpfel)
250 ml Wasser
40 g brauner Zucker
2 EL Zitronensaft
2 EL Apfelmus
1 Pkg. Vanille-Puddingpulver
(für 500 ml Flüssigkeit)
4–6 EL Wasser

## AUSSERDEM:

200 g Marzipan
100 g vegane Zartbitter-
Schokolade
(mind. 50 % Kakao)
2–4 EL Sojamilch

## ZUBEREITUNG:

**1** Ofen auf 180 °C vorheizen. Springform (26 cm) mit Backpapier auslegen und an den Seiten einfetten. Mehl, gemahlene Nüsse, Zucker, Bourbon-Vanillezucker, Natron, Backpulver, Zimt, Ingwer, Nelken und Salz vermischen. Öl, Essig und Wasser hinzufügen und zu einem glatten Teig verrühren. Teig in die Form streichen und 30–40 Minuten bei 180 °C backen (oder so lange, bis ein Zahnstocher, in die Mitte gestochen, sauber wieder herauskommt). Gut abkühlen lassen.

**2** Äpfel, Wasser, Zucker, Zitronensaft und Apfelmus miteinander vermischen. In einem Topf erhitzen und die Äpfel auf niedriger Hitze weich dünsten. Mit einem Kartoffelstampfer oder einer Gabel etwas zerkleinern. Das Puddingpulver mit 4–6 EL Wasser in einer kleinen Schüssel glatt rühren. Topf vom Herd nehmen und Puddingpulver esslöffelweise einrühren. Auf die Herdplatte zurückstellen und kurz anwärmen, damit die Masse eindickt. Kurz auskühlen lassen, damit die Masse nicht mehr brennend heiß ist. Die Masse gleichmäßig auf den ausgekühlten Kuchen streichen.

**3** Zwischen zwei Schichten Backpapier Marzipan dünn ausrollen, so dass es auf die Apfelschicht der Torte gelegt und etwas über die Seiten geklappt werden kann. Reste abschneiden.

**4** Schokolade mit so viel Sojamilch in einem Topf sehr vorsichtig schmelzen, dass sich eine streichfähige Masse bildet (Achtung, Schokolade brennt leicht an, darum wirklich wenig Hitze verwenden), dabei regelmäßig rühren. Die Schokolade auf dem Marzipan verteilen und die Torte kühl stellen.

# RUM-KOKOS-KUGELN
## (ETWA 50 STÜCK)

### ZUTATEN:

370 g Staubzucker (Puderzucker)
250 g pflanzliche Margarine, weich
250 g Kokosflocken
70 g Kakao
2 EL Rum

### ZUSÄTZLICH:
mehr Kokosflocken
50 Papierförmchen für Pralinen

### ZUBEREITUNG:

**1** Alle Zutaten zu einer Masse vermischen. Kühl stellen, am besten eine Stunde.

**2** Die zusätzlichen Kokosflocken in eine kleine Schüssel füllen. Ungefähr einen (gehäuften) Teelöffel der gut gekühlten Masse in eine Hand geben und mit beiden Händen zu einer Kugel formen. Dann die kleine Kugel in der Schüssel mit den Kokosflocken wälzen und in ein Papierförmchen setzen. Kühl aufbewahren und von gierigen Verwandten fernhalten.

Jedes Jahr bereitet meine Mama diese Rum-Kokos-Kugeln zu, und jedes Jahr kommt ihr beim Rum ein wenig die Hand aus, was aber noch nie jemanden gestört hat. Falls Kinder mitnaschen, kann man den Rum auch einfach weglassen.

# COOKIES UND SÜSSE KLEINIGKEIT

*EN*

Die Rezepte in diesem Kapitel sind kleine Freudenspender. Buttrig-weiche Kekse, frisch aus dem Ofen, selbstgemachte Peanut Butter Cups, noch warme Apfeltaschen oder ein paar Mandelhäppchen zum Kaffee. Darüber freuen sich alle – vom netten Gastgeber über die Arbeitskolleginnen oder -kollegen hin zur alten Nachbarin, die sich nie beschwert, wenn die Musik bei euch mal wieder etwas zu laut war. Also warum nicht mal ein paar vegane Köstlichkeiten verschenken?

# MANDELHÄPPCHEN (CANTUCCINI)
### (ETWA 15–20 STÜCK)

## ZUTATEN:

60 g gehobelte Mandeln
180 g Mehl
1/2 EL Backpulver
50 g Zucker
1 Pkg. Bourbon-Vanillezucker
1/4 TL Salz
80 g Sojajoghurt mit
Vanillegeschmack
3 EL Olivenöl
1/2 – 1 1/2 EL Sojamilch

## ZUBEREITUNG:

*1* Ofen auf 150 °C vorheizen. Ein Blech mit Backpapier auslegen.

*2* Die gehobelten Mandeln in einer Pfanne bei mittlerer Hitze einige Minuten rösten, bis sie goldgelb sind. Auskühlen lassen.

*3* Mehl, Backpulver, Zucker, Bourbon-Vanillezucker, Salz und die Mandeln miteinander vermischen. Sojajoghurt, Öl und Sojamilch hinzugeben und einen glatten Teig daraus kneten. In Viertel teilen und zu etwa 10–14 cm langen und 4–6 cm dicken, festen Rollen formen.

*4* Im Ofen etwa 22–28 Minuten backen, dabei nach 10 Minuten umdrehen. Die Rollen sollten sich dann fest anfühlen. Aus dem Ofen nehmen, etwa 15 Minuten auskühlen lassen, dann mit einem sehr scharfen Messer die Rollen der Breite nach in etwa 1–2 cm breite Stücke schneiden. Die Stücke auf das Backblech legen und bei 150 °C 10 Minuten backen, dann wenden und erneut 10 Minuten backen. Aus dem Ofen nehmen und auskühlen lassen.

Am besten schmecken die Mandelhäppchen zu einer starken Tasse Espresso.

# BROWNIES
## (ETWA 6–8 STÜCK)

## ZUTATEN:

20 + 150 g Mehl
150 + 150 ml Sojamilch
30 g Kakaopulver
120 g Zucker
1 Pkg. Bourbon-Vanillezucker
1 1/2 TL Backpulver
1/4 TL Salz
40 ml Öl
30 g vegane Zartbitter-
Schokotropfen (mind. 50 %
Kakao) oder gehackte Zartbitter-
Schokolade

## ZUBEREITUNG:

*1* Eine kleine quadratische Form (oder eine kleine Springform, 22 cm) mit Backpapier auslegen und an den Seiten einfetten. Ofen auf 180 °C vorheizen.

*2* 20 g Mehl und 150 ml Sojamilch in einem Topf mit einem Schneebesen verrühren. Bei niedriger Hitze unter Rühren erhitzen, bis eine cremeartige Paste entstanden ist. Vom Herd nehmen.

*3* Restliches Mehl, Kakaopulver, Zucker, Bourbon-Vanillezucker, Backpulver und Salz in einer Schüssel verrühren, dann mit dem Öl, der restlichen Sojamilch und der Sojamilch-Mehl-Mischung gut mit einem Schneebesen zu einem glatten Teig verrühren. In die Form streichen und mit den Schokotropfen bestreuen.

*4* Bei 180 °C etwa 15–17 Minuten backen. In Stücke schneiden und am besten warm mit veganem Vanilleeis servieren.

Brownies – wer liebt sie nicht?
Diese hier schmecken wunderbar
schokoladig.

# APFELTASCHEN
## (8 STÜCK)

*Genau richtig für die Kaffeejause am Sonntag.*

## ZUTATEN:

150 g geschälte,
fein gewürfelte Äpfel
(nach dem Schälen gewogen,
1 großer Apfel)
20 g brauner Zucker
1 Pkg. Bourbon-Vanillezucker
1/4 TL Zimt
1 1/2 TL Vanille-Puddingpulver
(oder Maisstärke)
60 g Apfelmus
1 Pkg. veganer Blätterteig
(ca. 270 g)
Sojamilch

## ZUBEREITUNG:

**1** Ofen auf 180 °C vorheizen. Ein Backblech mit Backpapier auslegen.

**2** Den Blätterteig in 8 quadratische Stücke schneiden. Apfelstücke, Zucker, Bourbon-Vanillezucker, Zimt, Puddingpulver und Apfelmus gut vermischen, dann die gleichmäßig die Füllung auf die Blätterteigstücke aufteilen und die Füllung in die Mitte der Stücke setzen. Die Stücke zu Dreiecken zusammenschlagen, den Rand mit einer Gabel niederdrücken und die Stücke mit etwas Sojamilch einpinseln.

**3** Bei 180 °C etwa 16–20 Minuten backen, bis sie goldbraun gebacken sind. Mit Staubzucker bestreuen und noch warm servieren.

# PEANUT BUTTER CUPS
## (12–15 STÜCK)

*Schokolade und Erdnussbutter sind ein unschlagbares Team. Diese kleinen Pralinen sind schnell zubereitet und eignen sich auch als Geschenk.*

## ZUTATEN:

15 Pralinen-Förmchen aus Papier
100 g vegane Zartbitter-
Schokolade (mind. 50 % Kakao)
3 gehäufte EL Erdnussbutter,
gesalzen und ohne Stückchen
1–2 EL Staubzucker (Puderzucker;
nach Geschmack)

## ZUBEREITUNG:

**1** 50 g Schokolade vorsichtig schmelzen. Die Förmchen gleichmäßig damit befüllen (für den Boden), dabei einen kleinen Rand hoch ziehen (mit der Rückseite eines Teelöffels funktioniert das gut). Kurz ins Tiefkühlfach geben, so wird die Schokolade fest.

**2** Die Erdnussbutter ganz kurz in der Mikrowelle sanft erwärmen und mit dem Zucker vermischen, dann abkühlen lassen.

**3** Förmchen aus dem Tiefkühlfach holen und die Erdnussfüllung gleichmäßig aufteilen. Noch einmal ins Tiefkühlfach stellen, währenddessen die restlichen 50 g Schokolade schmelzen.

**4** Förmchen aus dem Tiefkühlfach holen und die restliche Schokolade auf der Erdnussbutter verteilen, damit ein schöner Abschluss entsteht und die Erdnussbutter von Schokolade umgeben ist. Fest werden lassen. Sie schmecken am besten direkt aus dem Kühlschrank.

# POWERPRALINEN
## (ETWA 14 STÜCK)

### ZUTATEN:

100 g Medjoul-Datteln
(etwa 6 Stück)
6 EL Wasser
50 g Erdnussbutter
40 g gemahlene Mandeln
1/4 TL Zimt
50 g Haferflocken

### ZUBEREITUNG:

**1** Die Medjoul-Datteln mit dem Wasser in einem starken Mixer oder einer Küchenmaschine zu kleinen, feinen Stückchen zerkleinern.

**2** Die Erdnussbutter und die Mandeln hinzufügen und zu einer Masse verrühren. Dann den Zimt und die Haferflocken hinzugeben und weitermixen, bis die Haferflocken zerkleinert sind und eine formbare Masse entstanden ist.

**3** Die Masse kurz kühl stellen und dann teelöffelweise mit den Händen zu Kugeln rollen und in Pralinenförmchen setzen.

Leckere Pralinen, die auch noch voller gesunder Zutaten stecken – Herz, was willst du mehr? Medjoul-Datteln sind besonders „fleischige" Datteln, die sehr weich sind. Man bekommt sie auf dem Markt, beim türkischen Geschäft um die Ecke oder zur Weihnachtszeit im Supermarkt.

# CHOCOLATE CHIP COOKIES
## (12 STÜCK)

## ZUTATEN:

80 ml Öl
80 g brauner Zucker
50 g weißer Zucker
1 Pkg. Bourbon-Vanillezucker
150 g Mehl
1/2 TL Natron
1/4 TL Salz
1 Prise Zimt (optional)
1 Prise Muskat (optional)
3–5 EL Sojamilch
70 g vegane Zartbitter-Schokotropfen (mind. 50 % Kakao) oder gehackte Zartbitter-Schokolade

## ZUBEREITUNG:

**1** Ofen auf 180 °C vorheizen. Ein Backblech mit Backpapier auslegen.

**2** Öl, Zucker und Bourbon-Vanillezucker in einer Schüssel sehr gut verrühren.

**3** In einer zweiten Schüssel Mehl, Natron, Salz, Zimt und Muskat vermischen. Öl und Zucker dazugeben und mit der Sojamilch zu einem Teig kneten, der sich mit den Händen formen lässt. Die Schokotropfen unterrühren.

**4** Mit einem Löffel oder einem Eisportionierer den Teig esslöffelweise als Bällchen auf das Blech setzen und 9–11 Minuten bei 180 °C backen, bis sie am Rand leicht gebräunt, in der Mitte aber noch weich sind. Aus dem Ofen nehmen und kurz auf dem Blech ruhen lassen, dann auf einen Teller zum Abkühlen legen.

Einfacher als diese köstlichen Cookies
geht es wohl nicht. Noch dazu sind
die Zutaten so gängig, dass man
sie meistens im Haus hat.

# SCHNELLE NUSSKEKSE
## (12 STÜCK)

*Diese Kekse eignen sich besonders für Gäste, die überraschend zum Kaffee vorbeischauen.*
*Man kann sie auch mit Walnüssen oder Mandeln zubereiten.*

### ZUTATEN:

120 g pflanzliche Margarine,
weich
70 g Zucker
1 Pkg. Bourbon-Vanillezucker
110 g Mehl
100 g gemahlene Haselnüsse
1/2 TL Backpulver
1/8 TL Zimt
1/4 TL Salz

### ZUBEREITUNG:

*1* Ofen auf 180 °C vorheizen. Ein Backblech mit Backpapier auslegen.

*2* Margarine, Zucker und Bourbon-Vanillezucker mit einem Handmixer sehr gut verrühren. Mehl mit Haselnüssen, Backpulver, Zimt und Salz verrühren und mit den restlichen Zutaten vermengen. Zu einem glatten Teig vermischen und den Teig esslöffelweise in Kugeln auf das Blech setzen.

*3* 13–16 Minuten bei 180 °C backen und dabei nach etwa 6 Minuten sanft mit einer Gabel die Kugeln flach drücken.

# CHAI COOKIES
## (12 STÜCK)

*Chai ist nicht nur ein tolles Getränk, sondern auch eine herrliche Geschmacksrichtung für Kekse. Diese Kekse habe ich zum Geburtstag meiner Yogalehrerin gebacken und mit den anderen Schülerinnen geteilt – für eine kleine Belohnung nach einer anstrengenden Stunde.*

## ZUTATEN:

1 EL gemahlene Leinsamen
2 EL Wasser
160 g Mehl
1/2 TL Natron
1/4 TL Backpulver
1 – 1 1/4 TL Zimt
1/4 TL gemahlene Nelken
1/2 TL Kardamom
110 g weißer Zucker
70 g brauner Zucker
1 Pkg. Bourbon-Vanillezucker
110 g pflanzliche Margarine, weich

## ZUBEREITUNG:

**1** Ofen auf 180 °C vorheizen. Ein Backblech mit Backpapier auslegen.

**2** Leinsamen mit den 2 EL Wasser in einer kleinen Schüssel gut vermischen.

**3** Mehl, Natron, Backpulver und Gewürze in einer weiteren Schüssel miteinander vermischen.

**4** In einer dritten Schüssel die Margarine mit Zucker und Bourbon-Vanillezucker mit einem Handmixer gut vermixen. Die Leinsamen samt Wasser hinzufügen und kurz weitermixen. Die Mehlmischung unterheben und zu einem glatten Teig kneten (funktioniert am besten mit der Hand).

**5** Mit einem Eisportionierer oder einem Loffel den Teig esslöffelweise auf das Blech setzen. Dabei etwas Abstand zwischen den Keksen lassen, da sie auseinander gehen. Bei 180 °C etwa 12–14 Minuten backen (nach etwa 8 Minuten kann man sie vorsichtig mit einer Gabel etwas platt drücken, wenn sie nicht von selbst auseinander gehen), bis sie am Rand leicht gebräunt, in der Mitte aber noch weich sind. Aus dem Ofen nehmen und kurz auf dem Blech ruhen lassen, dann auf einen Teller zum Abkühlen legen.

# SUMMER COOKIES (ZITRONEN-KEKSE MIT HAFERFLOCKEN) (10 STÜCK)

## ZUTATEN:

60 ml Öl
110 g brauner Zucker
1 Pkg. Bourbon-Vanillezucker
Abrieb von 1 kleinen Bio-Zitrone
120 g Mehl
1 TL Backpulver
30 g Haferflocken
1/4 TL Salz
1/4 TL Zimt
4 EL Sojamilch

## ZUBEREITUNG:

*1* Ofen auf 180 °C vorheizen. Ein Backblech mit Backpapier auslegen.

*2* Öl mit Zucker, Bourbon-Vanillezucker und Abrieb der Zitrone vermischen. In einer zweiten Schüssel Mehl, Backpulver, Haferflocken, Salz und Zimt vermischen und mit der Sojamilch und der Öl-Zucker-Mischung zu einem Teig kneten.

*3* Mit einem Eisportionierer oder einem Löffel den Teig esslöffelweise auf das Blech setzen und bei 180 °C etwa 11–14 Minuten backen. Aus dem Ofen nehmen, kurz stehen lassen und dann auf einem Teller komplett auskühlen lassen.

Diese Kekse sind außen knusprig und innen weich, sie schmecken erfrischend nach Zitrone.

# CHOCOLATE CHIP PUMPKIN COOKIES (12–15 STÜCK)

*Ich liebe Halloween – und Kekse mit Kürbis und Schokolade passen perfekt zu einer gruseligen Halloween-Party.*

## ZUTATEN:

230 g Kürbispüree
(z. B. aus gekochtem oder gedämpftem Butternuss-Kürbis)
130 g weißer Zucker
40 g brauner Zucker
1 Pkg. Bourbon-Vanillezucker
30 g pflanzliche Margarine, weich
180 g Mehl
1 TL Zimt
1/2 TL Natron
1/4 TL Salz
100 g vegane Zartbitter-Schokotropfen (mind. 50 % Kakao) oder gehackte Zartbitter-Schokolade

## ZUBEREITUNG:

**1** Ofen auf 180 °C vorheizen. Ein Backblech mit Backpapier auslegen.

**2** Im Mixer Kürbis, Zucker, Bourbon-Vanillezucker und Margarine gut zusammenmixen. In eine große Schüssel umfüllen, Mehl, Zimt, Natron, Salz und Zimt dazugeben und durchmischen, bis ein Teig entstanden ist (per Hand, nicht mit dem Handmixer!). Dann die Schokotropfen unterheben.

**3** Jeweils 1 gehäuften TL des Teigs auf das Blech setzen (die Cookies werden ein bisschen auseinander gehen, darum etwas Abstand lassen) und im vorgeheizten Ofen bei 180 °C etwa 12–13 Minuten backen, bis der Rand leicht bräunlich ist. Aus dem Ofen nehmen, kurz stehen lassen und dann auf einem Teller komplett auskühlen lassen.

# COWBOY COOKIES
## (16 STÜCK)

*In diesen Cookies ist alles, was gut ist: Erdnussbutter, Haferflocken, Kokosflocken und natürlich Schokolade. Yee-ha!*

## ZUTATEN:

1 EL gemahlene Leinsamen
2 EL Wasser
110 g pflanzliche Margarine, weich
1 Pkg. Bourbon-Vanillezucker
50 g brauner Zucker
90 g weißer Zucker
2 TL Erdnussbutter
1 EL Sojamilch
100 g Mehl
1/2 TL Natron
1/2 TL Backpulver
1/2 TL Salz
60 g Haferflocken
50 g Kokosflocken
50 g vegane Zartbitter-Schokotropfen (mind. 50 % Kakao) oder gehackte Zartbitter-Schokolade

## ZUBEREITUNG:

**1** Ofen auf 180 °C vorheizen. Ein Backblech mit Backpapier auslegen.

**2** Leinsamen mit dem Wasser gut verrühren und beiseitestellen. Margarine mit Bourbon-Vanillezucker und Zucker vermischen und mit einem Handmixer gut verrühren. Dann Erdnussbutter, Leinsamen und Sojamilch hinzugeben und noch einmal gut vermixen.

**3** In einer zweiten Schüssel Mehl, Natron, Backpulver, Salz, Kokosflocken und Haferflocken vermischen. Zu den anderen Zutaten geben und zu einem glatten Teig rühren, dann die Schokotropfen unterheben.

**4** Esslöffelweise als Bällchen auf das Blech setzen und bei 180 °C etwa 12–13 Minuten backen, bis sie am Rand leicht braun, in der Mitte aber noch weich sind. Aus dem Ofen nehmen und kurz auf dem Blech ruhen lassen, dann auf einen Teller zum Abkühlen legen.

# CHOCOHOLIC COOKIES
## (16 STÜCK)

### ZUTATEN:

1 EL gemahlene Leinsamen
2 EL Wasser
110 g pflanzliche Margarine
110 g weißer Zucker
80 g brauner Zucker
1 Pkg. Bourbon-Vanillezucker
120 g Mehl
1/2 TL Natron
1/4 TL Salz
30 g Kakaopulver
100 g vegane Zartbitter-
Schokotropfen
(mind. 50 % Kakao) oder
gehackte Zartbitter-Schokolade

### ZUBEREITUNG:

**1** 1 Ofen auf 180 °C vorheizen. Ein Backblech mit Backpapier auslegen.

**2** Leinsamen sehr gut mit Wasser vermischen und beiseitestellen. Margarine, Zucker, und Bourbon-Vanillezucker mit dem Handmixer sehr gut verrühren. Leinsamen hinzugeben und erneut gut verrühren. Mehl, Natron, Salz und Kakaopulver vermischen und mit dem Margarine-Gemisch zu einem glatten Teig rühren. Die Schokotropfen unterheben.

**3** Die Schokobällchen esslöffelweise auf das Blech setzen und 9–11 Minuten bei 180 °C backen, bis sie am Rand leicht gebräunt, in der Mitte aber noch weich sind. Aus dem Ofen nehmen und kurz auf dem Blech ruhen lassen, dann auf einen Teller zum Abkühlen legen.

Death by chocolate – sagt nicht,
ich hätte euch nicht gewarnt.
Am besten schmecken die Cookies
noch warm.

Johann und Gabi Ebner
## Vegan & basisch
Die gesündeste Art des Kochens – 100 Rezepte
144 Seiten, farbig, Hardcover
ISBN 978-3-7088-0635-8
EUR 17,99

Viele tausend Abnehmwillige haben sich mithilfe des Bestsellers „Kohlenhydrate sind keine Dickmacher" vom Fett befreit. Mit der Methode fit10 lernt man wieder, regelmäßig und vernünftig zu essen, und erlangt ein neues Lebensgefühl – und das ohne den gefürchteten Jo-Jo-Effekt. Zum Ratgeber gibt es auch das Kochbuch. Es unterstützt bei der praktischen Umsetzung des Ernährungskonzeptes und zeigt, wie man sich ausgewogen ernähren kann. Viele einfache Rezepte machen Lust aufs Kochen und Essen, Tipps zur praktischen Umsetzung – Essen im Büro, Kochen auf Vorrat etc. – ergänzen die Rezepte.

www.kneippverlag.com

Elisabeth Fischer
## Vegan fasten

Das 14-Tage-Abnehmprogramm mit 120 genussvollen Basenrezepten
132 Seiten, farbig, Hardcover
ISBN 978-3-7088-0617-4
EUR 17.99

Immer mehr Menschen ernähren sich vegan und wollen damit ihre Gesundheit fördern und Tiere sowie die Umwelt schützen. Will man aber mit veganem Essen auch noch abnehmen, reicht der reine Verzicht auf Fleisch, Fisch, Milchprodukte und Eier nicht aus. Denn das ungeliebte „Hüftgold" steckt vor allem in Zucker, Fett und ausgemahlenem Getreide, allen voran Weizen. Beim veganen Fasten wählen Sie die pflanzlichen Lebensmittel ganz bewusst aus. Mit den basischen Gemüsen, Kräutern, Früchten und Kartoffeln essen Sie sich richtig satt, bei den säurebildenden pflanzlichen Lebensmitteln wird weitestgehend „gefastet". Fruchtige Müslis, knackige Salate, aromatische Suppen, kräuterwürzige Gemüsegerichte und fruchtig Süßes – Elisabeth Fischer hat 120 neue, raffinierte Basenrezepte entwickelt. Diese sind erstaunlich einfach zubereitet, schmecken wunderbar und machen zufrieden satt. Die Fettpolster verschwinden; in einer Woche werden Sie 2 bis 4 Kilos los.

www.kneippverlag.com

Julia Manhardt, Eva Manhardt
## Vegane Aufstriche, Dips und Soßen

96 Seiten, farbig, Softcover mit Klappen
ISBN 978-3-7088-0620-4
EUR 12,99

Brotaufstriche ohne Milchprodukte, wie soll das gehen? Und was reicht man zu gegrilltem Gemüse? Vegan essen liegt im Trend, genießen will man aber auch – und das ohne großen Aufwand. Dieses neue Kochbuch zeigt, wie man aus Gemüse, Hülsenfrüchten, Sojaprodukten & Co. einfache Aufstriche, Dips und Soßen zubereiten kann. Die beiden Autorinnen haben sich außerdem in den Küchen dieser Welt umgesehen und klassische, aber auch neu interpretierte Rezepte für Bruschetta, Erdnussbutter, Guacamole, Harissa etc. zusammengestellt. Ergänzt werden die 50 einfachen veganen Rezepte durch viele Variationsmöglichkeiten, Tipps und Tricks.

www.kneippverlag.com